動画と図解でよくわかる！　浴衣の仕立て方

はじめての
和裁の教科書

共立女子大学 家政学部教授
田中　淑江

知識ゼロ
でも
つくれる！

講談社

浴衣×半幅帯

透け感のあるロイヤルブルーのかげろう地に、夏の花あじさいを描いた浴衣。ピンクの半幅帯を合わせて、清涼感ある優しい雰囲気に仕上げました。

浴衣×半幅帯

鮮やかなオレンジが目を引く、椿と桜の浴衣。反対色の紺の半幅帯で全体を引き締めました。帯締めや帯どめも色に統一感をもたせています。

※浴衣（反物）の仕立て方はP50、半幅帯の仕立て方はP132に掲載しています。

ひまわり柄であでやかに

浴衣×へこ帯

写実的な大輪のひまわりの浴衣は、
手作業で染め上げる「手捺染」という
技法のもの。ひまわりの葉と同系色の
へこ帯を合わせて、夏らしい装いに。

着物風な装いでお出かけ

浴衣×名古屋帯

紺の綿縮に伝統的な長板中形の藍染の浴衣。夏のおしゃれ着にふさわしい博多紗献上の名古屋帯と半衿、足袋を合わせ、正統派のよそゆきにまとめました。

浴衣×名古屋帯

淡い藍のグラデーション地に竜巻絞りで山形模様が施された浴衣に、レースのような羅織の名古屋帯をプラス。涼やかな着こなしを演出しました。

浴衣×半幅帯、浴衣×へこ帯

薄生成り地にピンクとブルー、イエローのボーダーと菊が描かれたポップな反物で、親子おそろいに仕立てた浴衣。お母さんは優しい色の半幅帯、子どもはふわふわのオーガンジーのへこ帯を合わせ、髪飾りもおそろいで仲良くリンクコーデにしました。

※子どもの浴衣の仕立て方は掲載していませんが、P28に着つけと帯結びを紹介しています。

浴衣×オーガンジーのへこ帯

「推し」のカラーに合わせて、ギンガムチェックやストライプなどの生地を組み合わせたオリジナルの浴衣です。帯はオーガンジーやチュールを重ね、帯締めはリボンやパールで華やかに。トータルで色を意識した元気でかわいい装いです。

※浴衣（洋服生地）の仕立て方は
P118に掲載しています。

ヘアアクセも「推しカラー」で

ヘアアクセサリーも推し色で統一。帯の素材と
リンクさせて上品にまとめました。編み込みに
パールを散らせたのもポイント。

オリジナルの
帯締めで差をつける

推し活女子は帯まわりも個性的に仕上げましょう。リボ
ンにパールを絡めれば特別感のある帯締めに変身。お
好みでヘアピンやブローチを飾っても素敵。

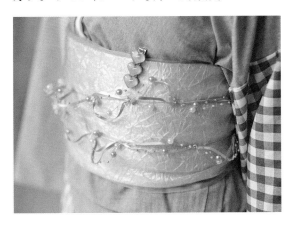

インスタ映えする帯結び

帯の結び方にもひと工夫。大き
な結び目でインパクトある後ろ姿
に。推しも喜び、インスタ映えも
するキュートな仕上がりです。

レースを重ねて華やかに

単衣×名古屋帯
<small>ひとえ</small>

木綿のレースをチャコールグレーの洋服生地に重ね、フェミニンな雰囲気に。帯は厚手の木綿で仕立てた名古屋帯、帯締めは黒のグログランリボン、足元は黒のショートブーツをチョイスして、クラシカルに仕上げました。

※単衣（洋服生地）の仕立て方は P122 に掲載しています。

※単衣（反物）の仕立て方は
P104 に掲載しています。

水玉模様で**レトロモダン**

単衣×半幅帯

大小のドットがランダムに並ん
だブルーの木綿で仕立てた単
衣に、レースの半幅帯、グロ
グランリボンの帯締め、コット
ンパールの帯どめ、カチュー
シャなどの白い小物を合わせ
ました。都会の街並みにもな
じむ、上品なお出かけ着とし
て楽しめます。

帯結びコレクション

P2〜9までの帯結びをピックアップしてみました。お気に入りの結び方を見つけてください。

p2 文庫結びのアレンジ③
→結び方 P27

p2 リボン返し
→結び方 P29

p3 リボン返し
→結び方 P29

p4 お太鼓結び

p4 お太鼓結び

p6 ダブルリボン
→結び方 P27

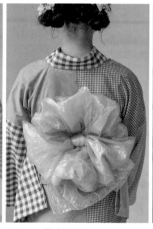
p6 お花結び
→結び方 P27

p6 文庫結び
→結び方 P24

p5 蝶結び
→結び方 P29

p5 文庫結び
→結び方 P24

p8 リボン太鼓結び

p9 文庫結び
→結び方 P24

はじめに
〜和裁への誘い〜

お気に入りの反物で浴衣を縫ってみませんか。

　本書では、「和裁って難しそう」「初心者にはハードルが高そう」と思っている人に向けて、130年以上の伝統ある共立女子大学において、脈々と受け継がれてきた和裁技術を丁寧に解説しています。

　詳細でわかりやすいイラスト図はもちろん、QRコードから制作工程を動画で見ることができ、自分のペースで作業を進めることができます。

　さらに、共立メソッドである道具の合理的な活用方法や、寸法にこだわった仕立てのコツが満載なので、美しく満足のいく仕立て上がりとなることでしょう。

　そして、完成したお気に入りの浴衣を着て、出かけることができるように、着つけの方法も写真と動画でわかりやすく掲載しました。着崩れてしまった場合の対処方法も説明してありますので、安心して出かけることができます。

　さらに、「和裁って楽しい」「もっと縫ってみたい」と思われた人には、応用編として木綿の単衣、洋服生地を使った浴衣、半幅帯、下着、余り布の活用法など、挑戦できるものをたくさん用意しました。

　また、本書では和裁を通して日本人が大切にしてきた着物についての知識や歴史を、豆知識としてご紹介しています。丁寧な手仕事から先人の豊かな知恵と技術に共感していただけるかもしれません。

　それでは楽しみながら自分のペースで和裁に親しんでください。ご自身で仕立てた浴衣を身に纏ったとき、温かい気持ちになり、「手仕事っていいな」「着物って素敵だな」と感じていただければ幸いです。

共立女子大学　家政学部教授
田中淑江

contents

第**1**章
着つけと帯結び

第**2**章
和裁を始める前に

第**3**章
浴衣（反物）の
仕立て方

第**4**章
単衣・下着・半幅帯の仕立て方

もっと和裁を楽しむために

Column

本書の使い方

和裁の基礎や浴衣・着物の仕立て方がひと目でわかるように、
イラスト図と動画で丁寧に紹介しています。

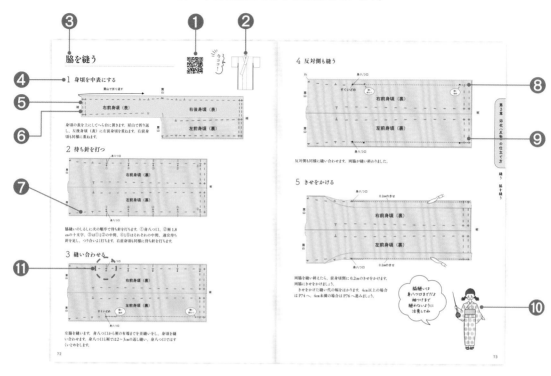

❶動画で作業工程を細部までわかりやすく見ることができます

❷今、作業しているパーツのアイコン

❸作業の内容

❹作業の順番

❺イラスト図で作業工程がひと目でわかります

❻ピンク色は布の表、グレー色は布の裏

❼グレーの線はへらでつけたしるしの線（出来上がり線）

❽ピンクの破線はこれから縫うところ

❾黒の破線はすでに縫い終えたところ

❿本書のマスコットキャラクター「お縫いちゃん」。

難所のアドバイスや作業のサポートをしてくれます

⓫道具のマーク

✂ はさみ　　📍 待ち針

🪡 縫い針　　🔪 こて

Advice

作業がしやすくなるコツやテクニックを掲載

和裁ミニ知識

着物の歴史や知っておきたい和裁の豆知識などを掲載

＊反物や生地の丈や寸法は原則「cm」で表記しています。一部「m」表記あり。

＊裁断図やその他のイラスト図は省略図なので実寸の比率とは異なります。

＊和裁用語は基本的にそのまま用いています。読みにくい場合は平仮名にするルビを振っています。　例：後身頃／肩揚げなど

＊しるしつけの際の寸法「袖幅＋○cm」「袖丈＋○cm」の、「○cm」はきせ分を指しています。

＊本書で紹介する仕立て方は、素材などによって異なる場合があります。

＊つくり方の動画は、QRコード、もしくは https://k-editorial.jp/mov/wasai/ からご覧ください。

＊動画は基本的に本書の内容と同じですが、一部異なる箇所もあります。また、予告なく終了・変更することがあります。

第1章

着つけと帯結び

- 着つけの知識と用意するもの
- 女性の浴衣の着つけと帯結び
- 子どもの浴衣の着つけと帯結び
- 男性の浴衣の着つけと帯結び

自分で浴衣が
着られると
楽しいよ

浴衣のこと、着つけのこと

自分で仕立てたお気に入りの浴衣は、自分で着られるようになりたいもの。
まずは着つけについて知っておきましょう。浴衣づくりがさらに楽しくなります。

浴衣ってかわいい！
楽しい！

浴衣は日本の
伝統的な着物
平安時代からあるよ

コツさえ押さえれば
美しく着こなせる

浴衣は夏限定の
粋な着物
映える♡

衿を重ねたり
サンダルを履いたり
浴衣はいろいろな
おしゃれが楽しめる

古典柄から
ポップな柄まで
たくさんあって
選ぶのが楽しい♪

和裁はじめてさんは
浴衣からつくるのが
おすすめ！

衿元や袖口、
脇、裾から
風が通り抜けるから
実は浴衣って**涼しい**

反物でも洋服生地でも
つくることができるよ

浴衣は
夏の普段着
気軽に楽しんで

つくる楽しさ、着る喜び

浴衣ははるか昔、平安時代の「湯帷子」が起源と言われ、もともとは湯上がりや夕涼みなどのくつろぎ着でした。時代を経た今は、夏のおしゃれ着の定番となりました。

実は浴衣も洋服に違わず、種類豊富。古典的な柄からポップな柄までたくさんあり、帯や小物で何通りものスタイリングを楽しめます。意外かもしれませんが洗濯もできて、丈夫で長持ち。

いいことずくめの浴衣は、はじめて和裁に挑戦する人向きのアイテムでもあるのです。自分でつくると寸法がぴったりで着心地も抜群。着つけもコツさえわかれば、すっきりときれいに着こなせます。ぜひ、お気に入りの生地でつくって、自分で着けて、夏のおしゃれを楽しみましょう。

着つけに必要な各部名称

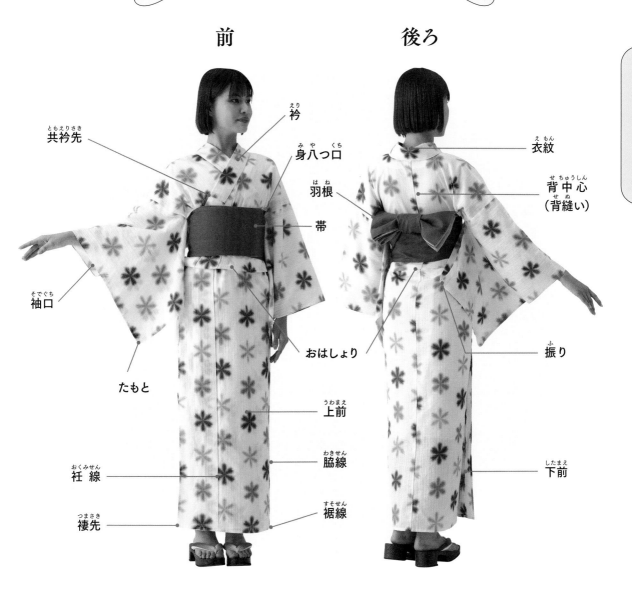

前　　　　**後ろ**

共衿先（ともえりさき）

衿（えり）

身八つ口（みやくち）

羽根（はね）

帯

袖口（そでぐち）

たもと

おはしょり

上前（うわまえ）

衽線（おくみせん）

脇線（わきせん）

褄先（つまさき）

裾線（すそせん）

衣紋（えもん）

背中心（せちゅうしん）（背縫い）（せぬい）

振り（ふり）

下前（したまえ）

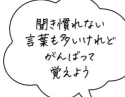

聞き慣れない
言葉も多いけれど
がんばって
覚えよう

知っておきたい着つけ用語

着つけのページに出てくる用語をひと目でわかるようにしました。着つけ中にわからなくなったら、ここに戻って確認しましょう。

　衣紋は後ろの衿の抜け部分、身八つ口は身頃の脇のあき部分、おはしょりは帯の下に出る折りたたんだ部分のことです。浴衣を仕立てるときに使う言葉も掲載しているので、覚えておくと役立ちます。

着つけの前に用意するもの

浴衣を着つける前に用意するものがいくつかあります。肌着など、手持ちの
インナーで代用できるものもあるので、確認してから必要なものを購入しましょう。

肌着のことは右のページに載っているよ

浴衣

本書で仕立てた浴衣を準備します。女性用の浴衣は身長と同じ程度の丈が着やすいでしょう。浴衣は6〜8月に着用するのが一般的です。

帯

浴衣には「半幅帯」や「へこ帯」などを結びます。
どちらも3〜4mの長さがあります。
ほかに着脱簡易な「つくり帯」もあります。

半幅帯

幅15〜16cm、長さ3〜4mの芯の入っている帯のこと。長めのほうが結び方のアレンジができて重宝します。

へこ帯

芯の入っていない柔らかい帯のこと。胴の部分の幅を整えるために、帯板を前に入れます。場合によっては後ろに入れてもよいでしょう。

腰ひも

着つけ用のひものこと。女性の着つけでは胸元と腰に2本使用します。補正や帯結びにも使うことがあるので、多めに持っているとよいでしょう。

伊達締め

着つけのときに使うと衿元の着崩れ防止になります。浴衣であれば、マジックテープでとめるタイプ（写真下）も簡単で便利です。

帯板

帯にしわが寄るのを防ぐために使います。浴衣であれば通気性のあるメッシュタイプ（写真下）がおすすめ。帯に挟み込んで使います。

浴衣の肌着

浴衣を着るときには、汗対策や透け防止のために、肌着を身につけます。特に薄い色の浴衣を着るときは、お尻のあたりが透けやすくなるので、濃い色の下着は避けましょう。

和装専用の肌着は
上は汗を吸収するコットン
下は裾さばきをよくする
すべりのよい生地を使用するなど
着装にぴったりな
素材を使っているよ

基本の肌着
はだじゅばん
肌襦袢とペチコート

「肌襦袢」は上半身の肌着で、着物でも着用します。下半身には「裾よけ」を用いるのが一般的ですが、本書では手軽なペチコートを紹介。どちらも本書第4章に仕立て方が載っています。

簡単に着たい人に
浴衣スリップ

浴衣用の肌着として市販されているワンピースタイプの肌着で、浴衣の透け対策・汗対策として最も手軽なものです。丈が選べる場合はひざ丈～ひざ下丈がおすすめです。

手持ちの肌着で代用
キャミソールとペチパンツ

洋服用のインナーで代用する場合は、衿ぐりに注意。浴衣は衣紋を抜いて着るので、キャミソールなどの衿ぐりの後ろが大きくあいたものが適しています。透けにくい色を選びましょう。

Advice
美しく着るための補正術　美しく着つけるためには、補正をすることもひとつの方法です。

ウエストが細い人

「おはしょり」にしわが入る人は、薄手のタオルを巻き、巻き終わりは腰ひもなどで押さえましょう。

腰のくびれが大きい人

腰の後ろにたたんだ手ぬぐいやタオルなどを当て、腰ひもで結びましょう。

胸元が薄い人

タオルやタオルハンカチを半分に折ったものを両肩の上に載せましょう。

浴衣の着つけ

自分で仕立てた浴衣をさっそく着てみましょう。
はじめて着る人でもよくわかる、美しい着つけのコツを紹介します。

用意するもの

* 浴衣
* 腰ひも2本
* 伊達締め1本

腰ひもと伊達締めは椅子の背などにかけておくと、着つけがスムーズにいきます。

姿見があると自分の着つけの様子がわかるので便利です。

1 START

浴衣をはおる

肌着（P19参照）を身につけ、浴衣をはおります。体の正面で共衿先の位置を合わせ、背縫いの位置を背中の中心に合わせます。

ZOOM!

共衿先

共衿先が同じ位置になるように合わせます。

2

裾を持ち上げる

左右の衿先を持ち、後ろにふわっと空気を入れるようにしながら裾を持ち上げます。

3

背中心

衿先

水平に前へ

裾線

丈を決める

裾線をくるぶしの高さに合わせます。着物をお尻に密着させ、水平に前へ引きます。

4

裾線が下がらないように注意

下前　上前

上前幅を決める

下前を開き、上前の衿先を右腰骨位置に当て、脇線を左太ももの側面に合わせます。上前幅が決まりました。

5

下前　上前

7～8cm

下前の裾を合わせる

上前を開き、下前を水平に巻きつけます。その際、裾つぼまりにするため、褄先は裾線より7～8cm上げます。

6

3～4cm

上前の裾を合わせる

上前を水平に戻してから、褄先を裾線から3～4cm上げ、右手で押さえます。

7

ひもは腰骨の上

布のたるみはひもの上に

1本目の腰ひもを結ぶ

左手で腰ひもの中心を取り、右腰に当てます。

8

腰ひもを後ろで交差する

そのまま後ろにまわし、腰ひもを交差させ、引き締めてから前へ戻します。

9

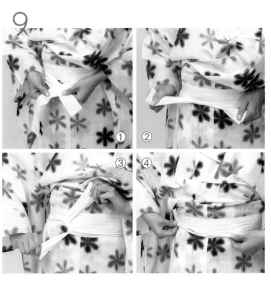

① ② ③ ④

腰ひもの結び方

①腰ひもは右腰側で左を上にして交差させます。
②2回からげて結びます。
③ひも端の左右を持ち替えて引き締めます。
④ひも端を体に巻いた腰ひもの間に挟み込みます。
※「からげる」とは、「くぐらせる」または「巻きつける」の意味。

10

腰のしわを整える

腰ひもと浴衣の間に指を入れ、中心から左右へ動かし、腰のしわを脇へ寄せます。腰部分の布が平らになるよう整えます。

11

おはしょりの底

衣紋を抜く

身八つ口から手を入れ、こぶしひとつ分の衣紋を抜きます。後ろのおはしょりの底をまっすぐに整えると、衣紋が抜けます。

ZOOM!

こぶしひとつ分

きれいに衣紋が抜けているのがわかります。

あと少しがんばって！

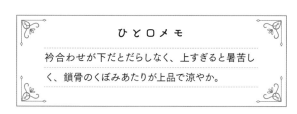
12

鎖骨
の
くぼ
み

衿合わせをする

左の身八つ口から左手を入れ
て下前の衿を、右手で上前の
衿を持ち、真横に引きます。
鎖骨のくぼみを目安に衿を合
わせます。

13

もう一度衿を引く

続いて胸の位置でもう一度衿
を真横に引きます。二段階で
衿を引くことで、衿元がしっか
り整えられます。

14

おはしょりを整える

前のおはしょりの底を指先でな
ぞり、まっすぐに整えます。

15

2本目の腰ひもを結ぶ

2本目の腰ひもをアンダーバス
トの位置で、1本目とは反対
の左側に当てて結びます。（結
び方はP21の9と同じ）

16

背中を平らに整える

腰ひもの下に指を入れ、背中
のしわを脇に寄せます。

17

伊達締めを当てる

伊達締めを2本目の腰ひもの
位置に当てます。そのまま後
ろで交差させます。

18

伊達締めを結ぶ

交差させた伊達締めは下にな
ったほうを斜めに折り上げま
す。

19

完成

伊達締めを前に持ってきて両
脇で引き締め、中心で結んで
完成です。（結び方はP21の
9と同じ）

美しい着姿の Check Point

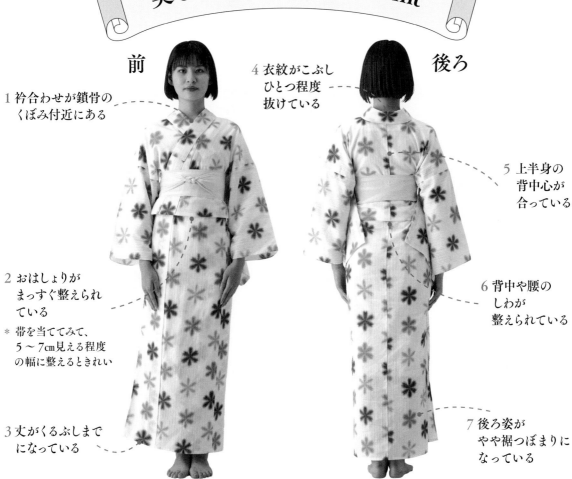

前　後ろ

1 衿合わせが鎖骨の
くぼみ付近にある

4 衣紋がこぶし
ひとつ程度
抜けている

5 上半身の
背中心が
合っている

2 おはしょりが
まっすぐ整えられ
ている

＊帯を当ててみて、
5〜7cm見える程度
の幅に整えるときれい

6 背中や腰の
しわが
整えられている

3 丈がくるぶしまで
になっている

7 後ろ姿が
やや裾つぼまりに
なっている

Advice

着つけの困ったを解決

おはしょりがもこもこ

① 上前と下前のおは
しょりがすっきりし
ない状態。2本目
の腰ひもは外しま
す。

② 左の身八つ口から
手を入れて、下前
の衿を押さえ、右
手でおはしょりを斜
めに持ち上げます。

③ 持ち上げた下前の
おはしょりを、左
手で押さえたとこ
ろを起点に折り返
し、整えます。

④ 右手で上前の衿を整
え、2本目の腰ひもを
結びます。おはしょり
が1枚になり、すっき
りしました。

おはしょりが長い

おはしょりの下線が短くなる
ように、水平に持ち上げ、
帯を締めます。短すぎたら、
下線を引っ張ると長さの調
節ができます。

23

半幅帯で文庫結び

帯の結び方で最も代表的な文庫結びを紹介します。
比較的簡単なので、帯を結ぶのがはじめてという人でもトライしやすい結び方です。

用意するもの

* 半幅帯
* 帯板1枚

床ではなく、机の上などに置いておくと、帯結びの手をとめることなく続けることができます。
　姿見があると結び方の様子がわかるので便利です。

START

1 「て」の長さをはかる

右手で帯の端を持ち、60〜70cmの長さのところを左手で持ちます。

2 肩にかける

「て」を半分の幅に折り、「わ」を外側にして肩にかけます。

3 帯を胴に当てる

帯を伊達締めが隠れる位置に当てます。このとき境目を三角に開きましょう。

4 帯を胴に巻く

三角に折った部分を左手で押さえ、反時計まわりに胴にひと巻きし、帯を引き締めます。

5 もうひと巻きして締める

もうひと巻きしたら、ひと巻き目の巻き始めを左手で押さえ、右手で帯をぎゅっと引いて締めます。

ZOOM!

左手はひと巻き目の下側を押さえます。

6 帯を斜めに折り上げる

右脇から帯を斜めに折り上げます。帯幅を細くすることで帯が結びやすくなります。

7

「て」をおろす

肩にかけていた「て」をおろします。

8

「て」を下から通す

「たれ」を少し前に動かすと、隙間ができます。そこに「て」を下から内側に巻きつけるようにして通します。

9

「て」を上に引き出す

右手で「て」を引っ張り出します。

10

真横に引いて締める

「て」と「たれ」を真横に引いてしっかりと締めます。

11

「たれ」の根元を広げる

緩み防止のために、「たれ」の根元をしっかりと広げておきます。

12

「羽根」の大きさを決める

「羽根」は肩幅ほどが目安です。帯の長さや硬さ、着る人の体形に合わせて調整するとよいでしょう。

13

「たれ」をたたむ

「たれ先」から「たれ」の根元に向かって、「屏風だたみ」にします。

14

折り返し

たたみ終わり

たたみ終わりが中途半端に余った場合は、写真のように小さく折り返し、「たれ」の根元までたたみます。

15

羽根

ひだをつくる

「羽根」の中心を谷折りにし、さらにその両端をそれぞれ山折りにします。横から見てM字の形になります。

ZOOM!

根元でたたむ

「たれ」の根元からひだをたたみ、帯崩れの防止をしましょう。

16

「て」をおろす

「て」を「羽根」の上にかけます。

もうひと見だよ！

25

17

「羽根」の中心を巻く

おろした「て」を結び目の裏に通して真上に引き抜き、きつく締めます。

18

もうひと巻きする

同じところにもうひと巻きします。引きすぎてしわが寄らないようにしましょう。

19

「て先」を始末する

「て先」の余りを自分のほうに向かってくるくると巻いて、帯と伊達締めの間に押し込みます。

20

背中へまわす

全体の形を整えたら、帯を時計まわりにまわします。その際、左手は帯の下側を、右手は結び目を持つとよいでしょう。

21

帯板を入れる

ひと巻き目とふた巻き目の間に帯板を入れます。斜めに向けると入れやすいでしょう。帯のしわなどを整えて完成です。

完成だよ！

美しい帯結びの Check Point

前   後ろ

1 帯結びの位置が低すぎない

2 結び目が背中心にある

3 「羽根」が左右対称になっている

帯結びのバリエーション

\\ 簡単 // ～ かわいい ～

浴衣の帯の結び方に決まりはありません。自由に結んでみましょう。
簡単でかわいい結び方を取り上げます。気軽にチャレンジしてみて。

①ダブルリボン

文庫結びとほとんど同じ手順で結ぶことができます。文庫結びの上の小さい羽根の中心は、飾りつきヘアゴム1本でとめています。

②だんだん結び

段差をつけて「たれ」をたたみ、帯揚げで固定します。表と裏で色の異なる半幅帯を使用すると華やかになります。

③お花結び

帯をリボン結びにし、お花の形にアレンジした結び方です。柔らかい半幅帯やへこ帯は形がつくりやすいのでおすすめです。

④お太鼓風

帯枕や帯締めを使わず、帯を2回結んでお太鼓風に整えます。帯への負担があるので丈夫なポリエステルの帯を使いましょう。

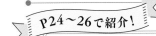

P24〜26で紹介！

文庫結びのアレンジ

少しのアレンジで印象が変わる結び方を紹介。
浴衣のデザインに合わせて変えてみましょう。

①結び目の色を変える

文庫結びのプロセス17のあとに、「て先」を斜めに折り返すと、裏側の色が見えて2色使いの帯結びになります。

②「羽根」のたたみ方を変える

文庫結びのプロセス12のときに、段差をつけて屏風だたみに折るとよりかわいらしい雰囲気になります。

③ひだの折り方を変える

「羽根」を長めにたたみ、文庫結びのプロセス15のときにV字（谷折り）にすると、優雅な雰囲気になります。

子どもの浴衣の着つけと帯結び

本書では子どもの浴衣のつくり方は掲載していませんが、お子さんと楽しめるように
特別に紹介します。帯やひもはあまりきつく結ばないように注意しましょう。

着つけ（四つ身）

※四つ身は4歳〜12歳の子ども用の着物の総称です。

用意するもの

*浴衣
*へこ帯
*帯板やタオル（必要
　に応じて）

帯幅がずれるのを防ぐ
ため、中に帯板やタオ
ルを入れるとよいので
すが、お子さんが嫌が
るようなら無理に入れ
ないようにしましょう。

1 START

肌着を着る

肌着を身につけます。木綿な
ど吸湿性のよいものがおすす
めです。

2

つけひも

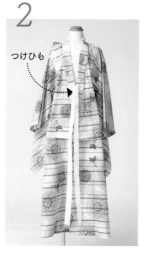

浴衣をはおる

浴衣をはおります。

3

身八つ口

背中心を合わせる

背縫いを背中の中心に合わ
せ、上前の身八つ口に下前の
つけひもを通します。

4

身頃を重ねる

身頃を重ね、左右のつけひも
を引き締めます。衿は衣紋を
抜かず首に沿わせ、のどのく
ぼみ付近で合わせます。

5

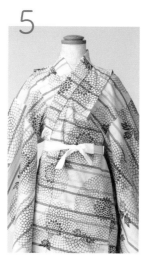

つけひもを結ぶ

つけひもを背中で交差させて
前で結びます。

6

全体を整える

最後に背中のしわを左右
へ寄せて、全体をきれい
に整えます。

完成

衣紋は
抜かない

つけひもは
締めすぎない

丈は動き
やすいように
長くしない

帯結び（リボン返し）

1 START

帯をお腹に当てる

帯をお腹に当てて後ろにまわします。このとき左の「て」を胴ひと巻き分長く取ります。

たれ

て

2

左右をそろえる

左の「て」をもうひと巻きします。左右の長さがそろいます。

3

蝶結びにする

「て」を上、「たれ」を下にしてひと結びし、蝶結びにします。

4 蝶結び

羽根

形を整える

「羽根」を広げて形を整えます。蝶結びの完成。ここで終わらせてもOK。

5

結び目を通す

「て」と「たれ」を結び目の裏から一緒に通します。

6

結び目にかぶせる

5で通した「て」と「たれ」を結び目にかぶせて整えます。

7

帯幅を広げる

前の帯幅を広げ、全体を整えます。

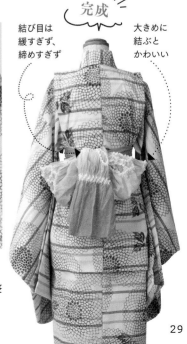

完成

結び目は緩すぎず、締めすぎず

大きめに結ぶとかわいい

男性の浴衣の着つけと帯結び

本書では男性の浴衣のつくり方は掲載していませんが、パートナーや家族が一緒に浴衣を着て楽しめるように、男性の着つけと帯結びの手順とコツを紹介します。

着つけ

用意するもの

* 浴衣
* 腰ひも1本
* 角帯

腰ひもは椅子の背などにかけておくと、着つけがスムーズにいきます。
姿見があると自分の着つけと帯結びの様子がわかるので便利です。

1 START

肌着を着る
着物用の肌襦袢とステテコを身につけます。深めのVネックであれば機能性インナーなどでも代用できます。

2

浴衣をはおる
共衿先を合わせ、背縫いを背中の中心に合わせます。衿は首の後ろに沿わせます。男性は衣紋を抜きません。

衣紋
背中心

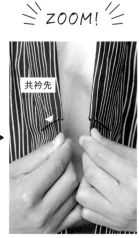

ZOOM!

共衿先

共衿先が体の正面で同じ位置になるように合わせます。

3

下前　上前

下前を合わせる
左右の衿先を持ち、前に引きます。上前を開き、下前を水平に巻きつけます。

4

上前を戻す
上前を水平に巻きつけます。上前の衿先を右手で押さえます。衿は鎖骨のくぼみを目安に合わせます。

5

腰ひもを結ぶ
腰ひもの中心を取り、右腰に当てます。

6

腰ひもを後ろで交差
そのまま後ろにまわし、腰ひもを交差させて、左右を引き締めてから前へ戻します。

7

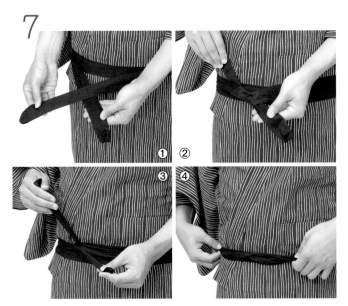

① ② ③ ④

衿は首の後ろにぴったり沿うように。衣紋は抜かない

衿合わせは鎖骨のくぼみ付近で

腰ひもの結び方

①腰ひもを右腰側で、左を上にして交差させます。
②2回からげて結びます。
③ひも端の左右を持ち替えて引き締めます。
④ひも端を体に巻いた腰ひもの間に挟み込みます。
※「からげる」とは、「くぐらせる」または「巻きつける」の意味。

8

お腹まわりや背中のしわを伸ばして完成です。

下半身のシルエットはまっすぐに

男性の浴衣の着つけに必要なもの

◀浴衣

素材は綿、麻、化学繊維などがあり、女性に比べると色はシック、柄は控えめです。男性はおはしょりの調整もなく、衣紋も抜かないので、購入時に自分の体形にぴったりなものを選びましょう。

◀腰ひも

浴衣を着るときに腰に巻いて使用するもの。男性は腰ひも1本が必要になります。

肌着

前ページ参照。上半身はランニングやTシャツでも代用できます。

帯▶

男性の帯は角帯とへこ帯の2種類のみです。どちらも着物にも浴衣にも使用できますが、シーンを選ばない角帯は1本あると便利。

角帯 かくおび

幅8〜10cm、長さ4m程度で、礼装からカジュアルなシーンまで広く用いられる男物の一般的な帯です。

へこ帯

兵児帯とも書きます。芯の入っていない柔らかな帯で、普段づかいのカジュアルなシーンで用いられます。

つくり帯

はじめての人でもマジックテープで簡単に装着できるよう、あらかじめ結び目がつくってある帯です。

帯結び（貝の口）

ひとロメモ

「貝の口」は男性の帯結びで最もポピュラーな結び方です。角帯を使って結びます。

START

て先　わ　たれ

1 「て」の長さをはかる

「て先」から40cm程度を半分の幅に折り、前中心に当てます。

2 帯を胴に巻く

「て」を右手で押さえ、帯を腰ひもの位置で当て、帯幅を広げながら反時計まわりに2〜3周巻きましょう。

3 「たれ」を二つ折り

「て」と「たれ」の長さをそろえるため、余った「たれ」を内側に二つ折りにします。

4 長さをそろえる

「て」と「たれ」が同じくらいの長さになりました。

5 「て」と「たれ」を交差

「て」の上に「たれ」を交差させます。

6 「て」と「たれ」を結ぶ

「て」と「たれ」をしっかりと結び、引き締めます。

7 「たれ先」を下に向ける

「たれ先」を下に向けます。

8 三角に折り上げる

「たれ先」を三角に折り上げます。

9 「て先」を始末する

「て先」を三角の中へ通し、しっかりと結んで形を整えます。

10 背中へまわす

帯の上端を持ち、時計まわりに後ろにまわします。

11 結び目をずらす

結び目の位置は背中の中心を避け、右か左へ少しずらします。

完成

帯の高さは腰骨の位置にあるとよい

前下がり後ろ上がりに見えると格好いい

第 2 章

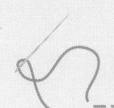

和裁を
始める前に

- ・道具と材料
- ・基礎縫い
- ・基本のテクニック
- ・反物や生地の選び方

和裁の
基本的なことを
知っておこう

道具と材料

はじめて和裁に挑戦する人は、まずは最低限必要なものをそろえましょう。
長く使えるもの、使い勝手のよいものを選ぶとよいでしょう。

反物や生地についてはP46に載っているよ

◉…必要　◎…あると便利

道具

針（三ノ二・三ノ五）◉

着物を手縫いするときに使用します。前の数字「三」は針の太さを表し、細いほど数字が大きく、後ろの数字「二、五」は針の長さを表し、長いほど数字が大きくなります。（P36 参照）

待ち針◉

和裁には頭が平たく、針が長めのものが適しています。途中で生地をたたんでもかさばらず、頭が持ちやすいのでへら台にもしっかりとめられます。（P45 参照）

指ぬき◉

利き手の中指にはめて使用します。指ぬきをすると針のあたりがよくなり、運針がスムーズに行えます。手になじむ革製がおすすめ。自分の指に合ったサイズを選びましょう。（P36 参照）

糸通し◎

細い針穴でも簡単に糸を通すことができる便利品。最近はワンタッチで糸通しができる道具もあるので、上手に利用しましょう。

へら◉

しるしつけのときに使用します。さまざまな素材のものがありますが、プラスチック製が入手しやすいでしょう。手のサイズに合った、握りやすいものを選びます。（P44 参照）

裁ちばさみ◉

生地の裁断用として用意。和裁では長さが 24 〜 26cmのものが一般的です。刃のかみ合わせがよく、握りやすいものを選びます。さびにくく扱いやすいステンレス製がおすすめ。

糸切りばさみ◉

握りばさみとも言います。手のひらサイズのはさみは、糸を切るためのものです。切れ味のよいU字型のものが使いやすいでしょう。

ものさし（50・20cm）◉

竹製で長さ50cmのものを準備しましょう。プラスチック製は熱で溶けたり、生地に載せると目盛りが読みにくいので適しません。20cmのものも小まわりが利くのであると便利です。

針山 ◎
はりやま

和裁では待ち針をたくさん使うので、針を挿しておくためにひとつあると便利です。市販のものもありますが、反物の余り布でオリジナルをつくることもできます。(P152 参照)

こて ◎

和裁専用のアイロンになります。縫ったあとに「きせ」をかけるとき、生地に折目をつけるときなどに使用。こての代用品としてはミニアイロンがあります。(P45・下段参照)

へら台 ◉

反物の丈をはかるときやへらでしるしをつけるとき、待ち針を打つときは、常にへら台の上で作業を行います。へら台は折りたたみ式になっていてサイズは約 45×180cm。

かけ針・くけ台 ◉

ふたつセットで使います。かけ針で生地を挟むと固定されるので、待ち針が打ちやすくなり、運針もスムーズに行えます。(P45 参照)

材料

丸み型 ◎

袖の丸みをつくるときに使用する型で、押さえる型とセットになっています。厚紙でも代用可。本書では P155 に型紙があります。

縫い糸（木綿） ◉

反物や生地の素材に合わせて用意し、色は着物に近い色を選びます。迷ったら濃い色を選ぶほうが反物になじみます。浴衣は木綿糸で、太さは 30 番・細口を使用します。

しつけ糸（木綿） ◉

糸じるしや袖のしつけに使用します。カード巻きタイプの木綿のしつけ糸を用意しましょう。カード巻きでないと、しるしつけのときに使いにくいので注意。

新モス ◎

新モスリンの略で、甘撚り糸で織った薄地綿布のこと。和裁では裏衿や子どものつけひも、裾芯などに用います。

さらし ◎

さらし木綿や麻布の略で、本書では漂白した木綿のことを指します。三つ衿芯や肩当て・居敷当てなどに使用します。

Advice

代用品でもOK

へら→チャコペン

へらでしるしがつきにくいときに便利です。自然に消えたり、水で消したり、消え方はさまざまなので確認してから購入を。

こて→アイロン

アイロンを使用するときにはスチームを OFF に。手のひらサイズのアイロンだと小まわりが利いて使いやすいでしょう。

かけ針・くけ台→洗濯ばさみ＋ひも

洗濯ばさみにひもをつけて、テーブルの脚などに巻きつけるなどして使います。簡易的な代用品として使うことができます。

基礎縫い

和裁で使われる縫い方やくけ方、糸のとめ方などを「基礎縫い」と言います。
本書で使用するものを中心に紹介します。

和裁ならではの
縫い方も多いので
しっかり覚えよう

指ぬきと針の使い方

✿ 指ぬきの使い方

指ぬきは利き手の中指、第一関節と第二関節の間にはめて使います。サイズが大きいと使用中にずれてしまうので、必ず自分の指の太さに合うように調整しましょう。

✿ 針の持ち方

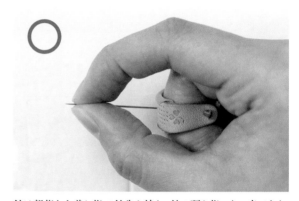

針は親指と人差し指で針先を持ち、針の頭を指ぬきに当てます。針を直角に指ぬきに当てるのがポイントです。

Advice

和裁の針のこと

和針と洋針

手縫い針には、おもに和針と洋裁針（メリケン針）があり、和針は昔から日本で使われている縫い針で、針先がしだいに細くなっていて運針をするのに便利な、着物を縫うのに適しているものです。

　それに対して洋針は、一般的によく使われている縫い針のこと。厚手の生地も縫いやすいように針先だけが尖っています。

　購入するときに間違えないようにしましょう。

針の選び方

P34でも紹介していますが、針は縫い方によって使い分けると、縫いやすく、早くきれいに仕上がります。

　運針（並縫い）は短い針「三ノ一」または「三ノ二」、くけやしつけは長い針「三ノ五」がよいでしょう。

　また最初の数字「三」は針が太めなので、木綿地（普通地）用を示しています。「四」は針が細いので、絹地（薄地）用になります。

三ノ五

三ノ二

針の長さの決め方

上の針の持ち方の写真のように、針先が0.3〜0.4cm出る程度がちょうどよい針の長さになります。

　手の大きさや指の長さによって、例えば、「三ノ二」が長い場合は「三ノ一」に、「三ノ二」が短い場合は「三ノ三」にするなどして調整しましょう。

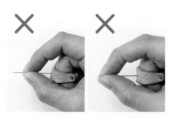

×長すぎる　×短すぎる

糸の結び方

❀ 玉結び

1

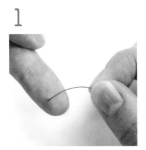

縫い始めの糸のとめ方です。人差し指に糸の端を当て、親指で押さえます。

2

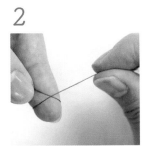

人差し指に糸を1回巻きつけます。

3

親指と人差し指で巻きつけた糸をねじりながら、人差し指を糸から抜きます。

4

親指と中指でねじった部分を引くと、玉結びが完成します。

❀ 二重結び

1

（裏）

ほどけにくい結び方で、浴衣では衿先のとめを行ったあとに使います。とめをした針が、玉どめのすぐ隣に戻ったら玉どめを引き出します。

2

（裏）

玉どめの糸ともう片方の針の通った糸を2本そろえて片手で持ち、針が通っているほうの糸で輪をつくります。その輪の中に針を通してゆっくり引き出します。

3

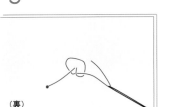

（裏）

そのままゆっくりと引き、輪が小さくなったところで玉どめの糸だけを持ち、そのまま針を引きます。最後はよく引き締めて、2回結びます。

Advice

糸の撚り・絡みの直し方

縫い糸やしつけ糸は絡みやすいので、糸の長さを50〜70cmの短めに準備するか、糸にこてを当てるかアイロンをかけましょう。

こてやアイロンは糸の撚りを取るようにしながら当てます。

また、縫っているときに糸が絡んだら、糸を一気に引くことはせず、たまっているところの縫い目を指で押さえ、ゆっくり丁寧に糸を引くようにします。

和裁ミニ知識

布の耳と裁ち目について

和裁・洋裁に共通していることですが、布には耳と裁ち目があります。

耳は布端のことで、織耳（おりみみ）とも言います。特にほつれにくいように処理してあり、反物の場合は両端が耳となります。

裁ち目は布を裁断した部分のことで、何も処理していないのでほつれやすくなっています。布端が耳か裁ち目によって始末の仕方が違ってきます。

糸のとめ方

❀ 玉どめ

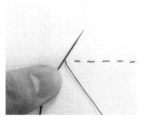
1
縫い終わりの糸のとめ方です。玉どめをつくりたい位置に針を置きます。

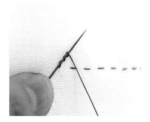
2
糸を針に3回程度巻きつけます。

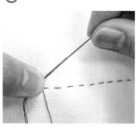
3
巻きつけた糸を指で1ヵ所にまとめます。

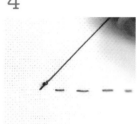
4
巻きつけた糸をしっかりと押さえ、針を引き抜きます。

❀ すくいどめ

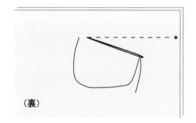
1
（裏）

丈夫に仕上げ、ほつれるのを防ぐとめ方で、浴衣では袖口どまりや身八つ口、袖つけのT字など、体の動きが多い箇所で使います。すくいどめを行う位置まで縫ったら、小さく1針返します。

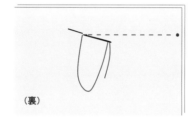
2
（裏）

1針返した上を、さらに小さく1針すくいます。このとき、針は抜きません。

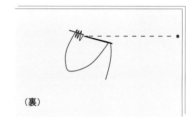
3
（裏）

布に針を入れた状態で、糸を針に3〜4回巻きつけて、針を抜きます。その後は返し縫いを行うか、そのまま続けて並縫いを行います。

Advice

糸こきはこまめに

右ページの運針（並縫い）を行うときは、途中でたまった布を親指と人差し指でしごいてきれいに伸ばす作業を行います。

これを「糸こき」または「しごく」と言いますが、この「糸こき」がしっかりできていないと、糸がつれて布が平らにならず、つり合いが悪く、美しい仕上がりになりません。

こまめに行いましょう。

糸こきが十分にできていて、布にしわがない状態。

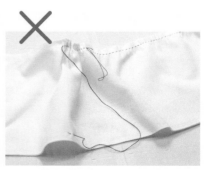
糸こきが足りずに、布にしわが寄ってしまっている状態。

基本の縫い方

❀ 運針（並縫い）

和裁では欠かせない基本の縫い方です。運針は背筋を伸ばし、肩の力を抜き、ひじを軽く張り、体の中心で布を持ちます。運針をマスターすれば、早くきれいに縫うことができます。くり返し練習して身につけましょう。

1

糸を通した針を準備し、まずは2〜3針縫っておきます。

2

左手で針先を押さえ、針の頭を指ぬきに当てます。

3

右手の親指と人差し指で布を挟むように針を持ち、左手との間は10cm程度にし、布を張るようにしましょう。

4

右手は指ぬきで針の頭を押しながら、左手は布を前後に動かし、リズムよく縫っていきます。表と裏の針目が同じ長さで、浴衣の場合は1針0.3〜0.4cmが理想です。

5

しばらくすると布がたまってきます。

6

針を休めてから、右端から左手で針目を押さえながらしごきます。これを「糸こき」と言います。（左ページ参照）

7
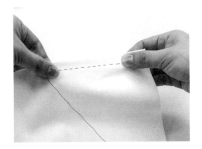

布が平らになりました。

8
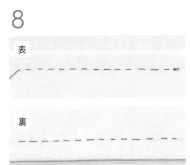

表も裏もきれいに縫えています。慣れるまでくり返し練習しましょう。

9
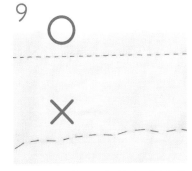

上がきれいな針目、下は針目がそろわず、蛇行しています。裏で、右の人差し指が、針の出方を調節できておらず、また右の手首が必要以上に動いている可能性があります。

縫い方・くけ方・しつけ方

❀ 重ね継ぎ

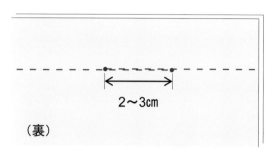

2〜3cm

（裏）

並縫いの途中で糸が足りなくなった場合の継ぎ方です。縫えるところまで縫い、玉どめをします。新しい糸に替えたら玉結びをして、2〜3cm手前から重ねるように並縫いをし、そのまま続けます。

❀ 二度縫い

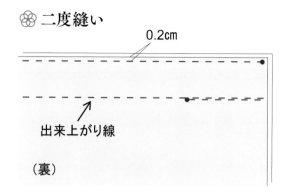

0.2cm

出来上がり線

（裏）

浴衣の背縫いで使います。縫い代が開くのを防ぐのと丈夫に仕立てるために用います。出来上がり線を縫ったあとに、布端から0.2cmの位置を並縫いします。

❀ 半返し縫い

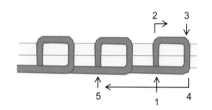

（裏）

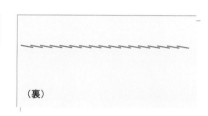

（裏）

浴衣では衿つけと袖つけの一部で使います。1針すくったらその半分を返して縫います。片面は並縫いと同じ縫い目、反対の面は糸がつながったような縫い目になります。

❀ 袋縫い

1

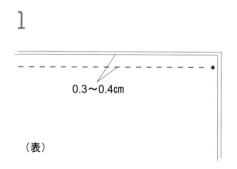

0.3〜0.4cm

（表）

浴衣では袖底の裁ち目などを縫うときに使います。布を外表に合わせて、布端から0.3〜0.4cmの位置を並縫いします。縫い終わったら0.1cmのきせをかけます（P45参照）。

2

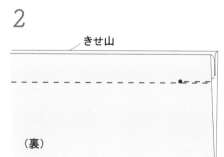

きせ山

（裏）

次に布を中表になるように返し、きせ山は毛抜き合わせにします（P45参照）。その後、返し縫いをしてから、しるし通りの位置を並縫いします。

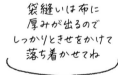

袋縫いは布に厚みが出るのでしっかりときせをかけて落ち着かせてね

❀ 耳ぐけ

1

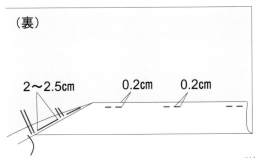

（裏）

2～2.5cm　0.2cm　0.2cm

布端が耳のときの始末の方法です。浴衣では袖、脇、衽(おくみ)の縫い代の始末に使います。布の耳端から0.2cm内側を裏は0.2cmの針目で2針すくい、表は0.2cmの針目で1針すくいます。

2

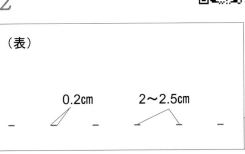

（表）

0.2cm　2～2.5cm

表に出る針目の間隔は2～2.5cmとなります。

❀ 三つ折りぐけ

1

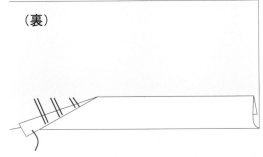

（裏）

布端が裁ち目のときの始末の方法です。浴衣では袖口、衿下、裾の始末に使います。縫い代を三つ折りにし（P 70のadvice参照）、折山から0.1cm内側に針を出し、そのまま奥の布を0.2cmすくい、同じ針目で手前の布に戻り、折山の中に1cm針を通します。

2

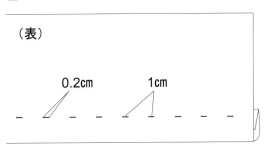

（表）

0.2cm　1cm

裏から見ると糸は見えず、表からは0.2cmの針目が1cm間隔となります。

❀ 本ぐけ

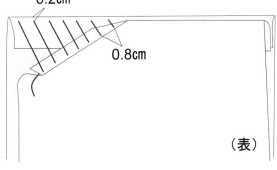

0.2cm

0.8cm

（表）

2枚の折山同士を合わせて縫う方法です。浴衣では本衿・共衿で使います。

　折山から0.2cm内側に針を出し、そのまま奥の布を0.8cmすくい、同じ針目で手前の布に戻り、折山の0.2cm内側を0.8cmすくいます。表からも裏からも糸は見えず、折山の中に糸が通っています。

　針目の大きさは基本的には0.8cmですが、縫う場所によっては0.4cm程度の細かい針目にする箇所もあります。

❀ 伏せ縫い

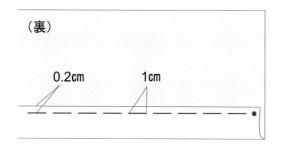

縫い代を押さえるために用います。浴衣では肩当てと居敷当て（P146参照）をつけるときに使います。縫い代をひと折りし、布端から0.2cmの内側を裏は1cm、表は0.2cmの間隔で縫います。

❀ 隠しびつけ（隠しじつけ）

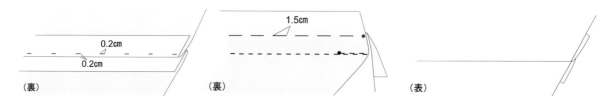

きせを整えるために、縫い代同士をとめるときの縫い方です。浴衣では脇の耳ぐけを行う前に、縫い代を隠しびつけでとめます。折山から0.2cmの内側を表は0.2cm、裏は1.5cmになるように縫います。しつけ糸ではなく、縫い糸を使用します。

Advice

ものさしの長さが足りないとき（糸のものさし）

ものさしが届かない、斜めの線のしるしをするときは、糸を利用してはかりましょう。本書ではこの方法を「糸のものさし」と呼んでいます。はかり方は次の通りです。
①へらでつけたしるしとしるしに待ち針を外向きに打ちます。
②カード巻きの糸を準備します。片側に糸の輪をつくり、待ち針にかけます。もう一方には糸を巻きつけて固定します。糸の真下にしるしをつけたら、糸を外します。
③しるし同士をものさしで結んで、斜めのしるしをつけます。

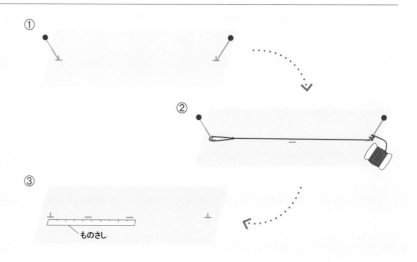

❀ 一目落とし

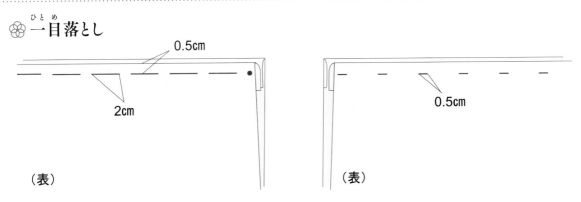

（表）　　（表）

しつけ方法のひとつで、きせ山を落ち着かせ、整えるために用います。「仮じつけ」とも言います。本書では使用しませんが、しつけの基本なので覚えておきましょう。きせ山から0.5cmの内側を片面は2cmの針目、反対の面は0.5cmの針目ですくいます。

❀ 二目落とし

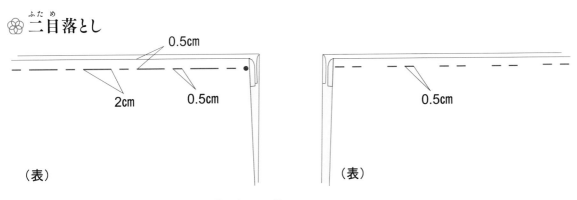

（表）　　（表）

しつけ方法のひとつで、浴衣では袖のきせ山を落ち着かせ、整えるために用います。きせ山から0.5cmの内側を片面は0.5cmと2cmの針目ですくい、反対の面は0.5cmの針目で2針すくいます。片面は大きい針目と小さい針目が交互に出て、反対の面は小さい針目が2目出ます。

❀ 三目落とし

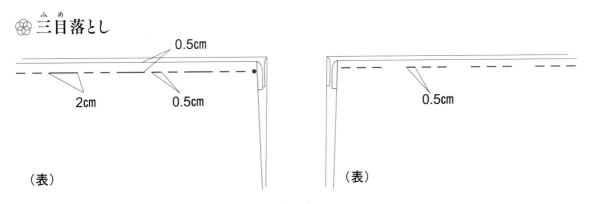

（表）　　（表）

しつけ方法のひとつで、浴衣では使用しませんが、単衣の着物や絹の着物を縫うときに用います。単衣では衿のしつけに使います。きせ山から0.5cmの内側を片面は0.5cmの針目で2針、2cmの針目で1針すくい、反対の面は0.5cmの針目で3針すくいます。片面は大きい針目1目と小さい針目2目が出て、反対の面は小さい針目が3目出ます。

基本のテクニック

道具の正しい使い方や基本の技術を身につけると、
作業もしやすくなり、仕上がりも格段によくなります。

よく使う
和裁道具の
使い方をレクチャー

❀ へらの持ち方

へらを上から握るように持ちます。このように持つとしるしつけのときに、力を入れやすくなります。

このような持ち方でもOK。左の写真の持ち方と比べ、どちらに力が入るかを試して、力の入りやすいほうの持ち方にしましょう。

この持ち方では力が入らないので、おすすめできません。

❀ へらのしるしのつけ方

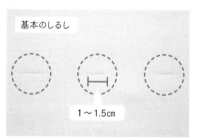

基本のしるし

1～1.5cm

ものさしで必要な寸法をはかりながら、へらを布にこするようにしてしるしをつけていきます。

ひとつのしるしは1～1.5cmの長さにし、間隔は自分の好みで決め、破線になるようにつけましょう。

Advice

必要に応じて糸じるしを

大切なしるしには、糸で縫ってしるしをつける「糸じるし」を用います。へらのしるしが見えにくい場合も、この糸じるしを必ずつけます。

生地や色によってはチャコペンで代用してもよいでしょう。

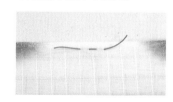

❀ しるしの種類

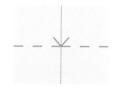

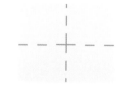

山じるし

布の中心、「わ」になっているところにつけます。肩山や袖山、本衿や共衿の中心につけます。

T字

表にしるしが出ないように、縫い代のみにつけます。袖つけや身八つ口、衽下がりのしるしがこれにあたります。

十文字

丈じるしと幅じるしの出来上がり線同士が交わる部分は、このしるしをつけます。袖底や裾にこのしるしをつけます。

通しべら

破線ではなく、実線でしるしをつけることを言います。おもに布を裁断するときや曲線のしるしをつけるときに用います。

❀ 待ち針の打ち方と順番

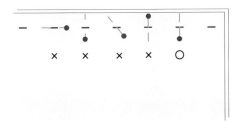

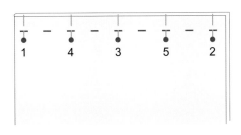

待ち針はしるしの上に針を入れ、小さくすくって縫い代側に針先を出します。しるしに対して、待ち針は垂直にとめることが基本です。

待ち針を打つ場合はまず両端をとめて、次にその中心をとめ、さらにその中心という順番でとめていきます。

❀ かけ針とくけ台の使い方

くけ台のネジを調節して、テーブルの厚みにしっかりと固定します。

かけ針に布端を挟み、布を引きながら待ち針を打ったり、縫ったりして使います。

❀ こての当て方

こては縫い目を落ち着かせたり、きせをかけたり、仕上げの作業などに使います。こては縫い目に対して水平に当てましょう。

こてが縫い目に対して垂直だと、きれいなきせがかかりません。

和裁ミニ知識

毛抜き合わせ

きせをかけたあと、表に返してきせ山を整えますが、このとき布同士を同じ高さにすることを「毛抜き合わせ」と言います。

毛抜きの刃先のようにぴたりと合わせることからこう呼ばれます。横から見ると、きせ山が同じ高さに並びます。

❀ きせのかけ方

1

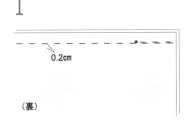

（裏）

きせは表から縫い目を隠し、摩耗を防ぎ、着物の直線美を際立たせます。並縫いのあと、縫い目よりも0.2cm内側を深く折ります。

2

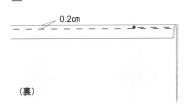

0.2cm

（裏）

0.2cm深く折ったら、こてを当てます。場所によっては0.1cmや0.3cmの場合もあります。

3

（裏）

反対側からは縫い目が見えません。

45

反物や生地の選び方

浴衣や着物を仕立てるうえで大切なのが生地選びです。
おもに反物と洋服生地の2種類ありますが、
その違いや選び方のポイントを知ってから、お気に入りの生地を手に入れましょう。

はじめてさんは
縫いやすくて
柄合わせのない
生地がおすすめ

✿ 反物

特徴と選ぶポイント

伝統的な和裁の技術で浴衣を仕立てたいという人は、反物を用いることをおすすめします。

反物は着物専用につくられた生地で、布の両端は耳になっているので、糸がほつれません。布幅をそのまま使えるので、布端の始末がいらず便利です。

反物は幅38～40cm、長さ11.5～12mが1反（1巻）として売られていて、これで大人の浴衣1枚を仕立てることができます。はじめての人は柄合わせの必要のない、細かい模様を選ぶとよいでしょう。

布幅について

近年、裄（肩幅や腕の長さ）が長い人が増えたので、従来の反物幅（並幅）38cm前後では裄が足りない場合があります。

そのため、裄が長い人（72cm前後）は、反物幅40～41cm前後の幅広タイプを選びましょう。

並幅

幅広タイプ

✿ 洋服生地

特徴と選ぶポイント

洋服生地の特徴は、素材やデザインが豊富なこと。布幅はおもに90cm、110cm、140cmの3種類あります。

本書では90cm、110cm幅で浴衣や単衣の仕立て方を紹介しています。生地は張りがあるほうが縫いやすく、柔らかい生地や伸縮性のある生地、厚手の生地は縫いにくいので、避けたほうが無難です。また、最初は柄合わせのない生地がおすすめです。

和裁ミニ知識

浴衣の染色について

染色技術は江戸時代に発展し、定着したと言われています。浴衣に用いられる代表的な染色技法を紹介します。反物選びに役立てましょう。

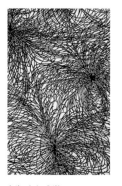

長板中形（ながいたちゅうがた）
伝統的な本藍を用いた防染糊による両面型染技法で、藍と白のコントラストの美しさが目を引きます。

絞り染め（しぼぞめ）
白く残したい部分を糸でくくり染料に浸し、糸を外すと模様やしぼ、凹凸（おうとつ）が表れる技法です。

注染（ちゅうせん）
型紙に防染糊を置いた布を折りたたみ、上から染料を注ぎ込み、多色模様やぼかしを表現できるのが特徴です。

✿ 反物（浴衣生地）の種類

代表的な浴衣生地を取り上げます。❀は縫いやすさを示しています。
❀が多いほど初心者におすすめです。

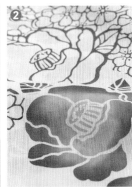
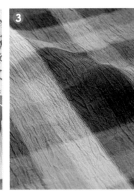

❶ 綿コーマ ❀❀❀

高度に精練されたコーマ糸で織られ、生地の表面が滑らかな一般的な浴衣生地です。

❷ 綿麻（めんあさ） ❀❀

綿糸と麻糸の交織で織られ、通気性がよく、速乾性と涼感があります。

❸ 綿縮（めんちぢみ） ❀❀

強い撚りをかけた綿糸で織られ、生地の表面に「しぼ」ができ、さらっとした質感です。

❹ 綿紬（めんつむぎ） ❀❀❀

フシのある紬糸で織られ、浴衣生地の中では厚手で透け感も少なく張りがあります。

❺ 綿絽（めんろ） ❀

2本の経糸（たていと）を交差させた透かし目（絽目（ろめ））に、緯糸（よこいと）を数本織り込むので透け感があります。

❻ 綿紅梅（めんこうばい） ❀

太さの異なる綿糸で織られ、生地の表面に格子状の凹凸が表現され、涼やかでしゃれ感があります。

✿ おすすめ洋服生地

浴衣に適した洋服生地を紹介します。
さらっとした肌触りで透けにくい生地がふさわしいでしょう。

❶ リップル

生地にあらわれる「しぼ」と清涼感に富み、さらりとした肌触りが特徴。

❷ 高島（たかしま）ちぢみ

ちぢみ独特の凹凸で、さらっとした感触があります。吸汗性に優れています。

❸ ボイル

薄地でシャリっとした感触が特徴的。透け感が強い生地もあるため、購入前にチェックが必要です。

Advice

ニット生地

光沢のある生地

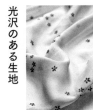

NG 洋服生地

薄くて透けてしまうもの、伸縮性のあるニットや厚手の生地、光沢のある生地などは、浴衣に向いていません。

さらに織りが粗い生地は糸がほつれやすく、縫い代の始末がしにくいので、避けたほうがよいでしょう。

肌触りや通気性も大事！
でも一番は自分の好きな
生地を選ぶことだよ

着物のTPO早見表

着物には細やかなコーディネートのしきたりがありますが、初心者にもわかりやすいように、ふたつに大別してみました。訪れる場所により、着物の種類が分かれるので覚えておきましょう。

かしこまった
場所での装い

フォーマル

染めの着物に織りの帯を合わせることが多く、コーディネートにもルールがあります。

留袖
とめそで

一番格が高く、中でも黒地に5つ紋入りの黒留袖は既婚女性の礼装。花嫁の母親や仲人の装いです。

振袖
ふりそで

未婚女性の礼装。袖が長く、刺繍や箔を施されたものが多い。成人式や結婚式に招かれたときの装いです。

訪問着
ほうもんぎ

縫い目で模様がつながるように配置された、華やかさが特徴の準礼装の着物。結婚式やパーティに最適。

色無地
いろむじ

準礼装の着物。紋の数や小物しだいで結婚式から式典、お茶会まで、幅広い場面での装いが可能。

付け下げ
つけさげ

訪問着の略式の着物で模様は控えめ。模様の配置や小物しだいでパーティから観劇まで幅広く着用可能。

高い ←――――― 格 ―――――→ 低い

気軽な
お出かけの装い

カジュアル

ルールはほとんどなく、コーディネートも自由。和小物や洋小物を合わせて楽しみましょう。

小紋
こもん

同じ模様がくり返し配置されるカジュアルな着物。模様や帯しだいでパーティから気軽なお出かけまでOK。

紬
つむぎ

紬糸独特の糸節とハリのある生地が特徴。フォーマルな場所以外で楽しみたいおしゃれ着です。

木綿
もめん

素朴な風合いで、模様は縞や格子、ポップなものまで幅広く、普段着感覚で気軽に着こなせます。

デニム

コーディネートの幅が広く、洋小物との相性も抜群。ショッピングなどカジュアルなお出かけにぴったり。

浴衣
ゆかた

夏のお出かけ着。帯や足袋、半衿などの小物しだいで、よそゆきにもカジュアルにも対応できます。

第 3 章

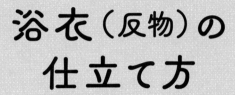

浴衣（反物）の
仕立て方

・採寸から仕上げまで
・浴衣のたたみ方
・柄合わせ

お気に入りの反物で
ジャストサイズの浴衣を
手縫いで仕立てよう！

浴衣を仕立てる前に

まずは浴衣づくりの全体像を把握しておきましょう。作業工程は多く、難所もありますが、
一つひとつ丁寧にこなしていくことが美しい仕上がりの近道となります。

浴衣づくりの流れ

STEP1 採寸 → P52
自分のサイズに仕立てるために採寸を行います。

STEP2 総用布量の計算（積もる） → P55
採寸をもとに反物の裁断に必要な寸法を割り出します。ここで総用布量（必要量）もわかるので、反物の準備をしましょう（P46 参照）。

STEP3 総丈をはかる → P56
用意した反物の丈を確認します。

STEP4 裁断（柄合わせがない場合）→ P58
裁断に必要な寸法に合わせて反物をたたんで、裁断します。

STEP5 しるしつけ → P60
裁断した生地にへらでしるしをつけます。

STEP6 縫う → P67
しるしをつけたところを縫います。基本は並縫いです。

STEP7 仕上げ → P92
縫い終わったらアイロンをかけ、たたんで保管します。

浴衣データ

衿 —— バチ衿
袖の形 —— たもと袖
袖の丸み —— 2cm
くりこし —— 裁ちくりこし
柄合わせ —— なし

用意する材料

反物 —— 浴衣用反物1反（約 12m・並幅）
力布 —— 共布または新モス
　　　　　（5cm×5cm・2枚）
三つ衿芯 —— 共布またはさらし
　　　　　（幅 11cm×長さ 25cm・1枚）
縫い糸 —— 木綿（反物に近い色・30 番・細口）
しつけ糸 —— 木綿（白・40 番）
袖の丸み型・くりこし型 —— 本書添付の型紙
　　　　　（袖の丸み型は市販品あり）

仕立て方のポイント

反物から手縫いで浴衣を仕立てることは、ハードルが高い作業かもしれませんが、きちんと手順を踏んでいけば、かならず1枚の浴衣が完成します。

そのためにはまず、正確な採寸と寸法の割り出し、寸法通り間違えずに反物を裁断することが大切です。

また初心者には柄合わせは難しい作業のひとつです。最初は柄合わせの必要のない小さな模様の生地からはじめることをおすすめします。

縫うときのちょっとしたコツですが、糸はあまり長くしないようにしましょう。50 〜 60cm の長さが縫いやすいです。背や脇など、長く縫う箇所がありますが、無理に長い糸で縫おうとすると絡まる原因になります。

糸を長くする代わりに待ち針を正確に打ち、かけ針・くけ台を使い、布をピンと張って縫うとよいでしょう。

そして、縫い目がつれたり、たるんだりしないようにこまめに糸こきをし、こてやアイロンできせを丁寧にかける作業を面倒がらずにすることが、美しい浴衣を仕立てるための第一歩となります。

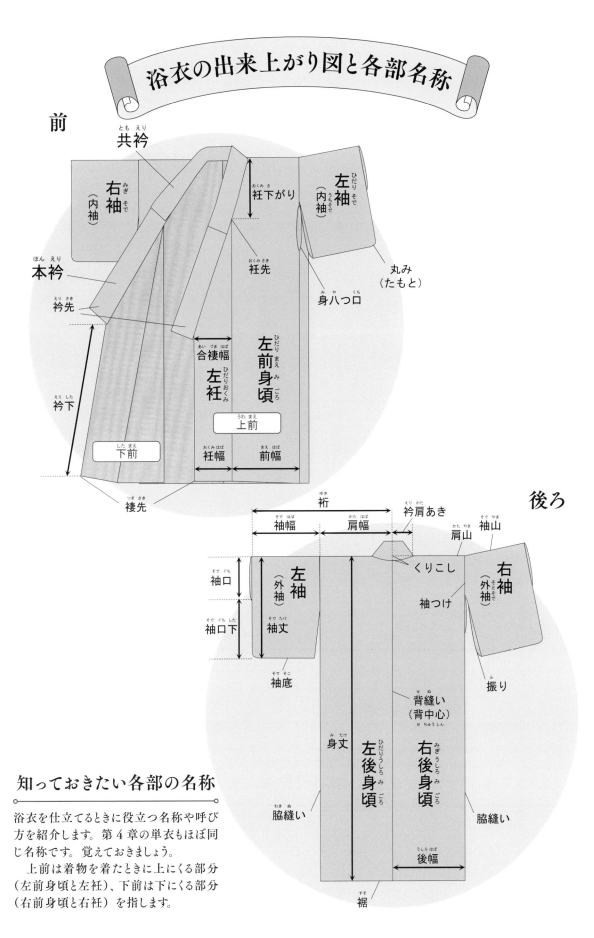

浴衣の出来上がり図と各部名称

前

共衿（とも えり）

右袖（みぎ そで）（内袖）

衽下がり（おくみ さがり）

左袖（ひだり そで）（内袖）

丸み（たもと）

本衿（ほん えり）

衽先（おくみ さき）

身八つ口（みや くち）

衿先（えり さき）

合褄幅（あい づま はば）

左前身頃（ひだり まえ み ごろ）

左衽（ひだり おくみ）

衿下（えり した）

上前（うわ まえ）

下前（した まえ）

衽幅（おくみ はば）

前幅（まえ はば）

褄先（つま さき）

後ろ

裄（ゆき）

衿肩あき（えり かた あき）

袖幅（そで はば）

肩幅（かた はば）

肩山（かた やま）

袖山（そで やま）

くりこし

右袖（みぎ そで）（外袖）

袖口（そで ぐち）

左袖（ひだり そで）（外袖）

袖丈（そで たけ）

袖つけ

袖口下（そで ぐち した）

振り（ふり）

袖底（そで そこ）

背縫い（せ ぬい）（背中心）（せ ちゅう しん）

身丈（み たけ）

左後身頃（ひだり うしろ み ごろ）

右後身頃（みぎ うしろ み ごろ）

脇縫い（わき ぬい）

脇縫い（わき ぬい）

後幅（うしろ はば）

裾（すそ）

知っておきたい各部の名称

浴衣を仕立てるときに役立つ名称や呼び方を紹介します。第4章の単衣もほぼ同じ名称です。覚えておきましょう。

　上前は着物を着たときに上にくる部分（左前身頃と左衽）、下前は下にくる部分（右前身頃と右衽）を指します。

51

採寸

最初に行うことは採寸です。ぴったりの浴衣をつくるには、自分のサイズを正確にはかることが大切です。
そこから各部の寸法を割り出していきます。

＼ 計測するのは3ヵ所！ ／

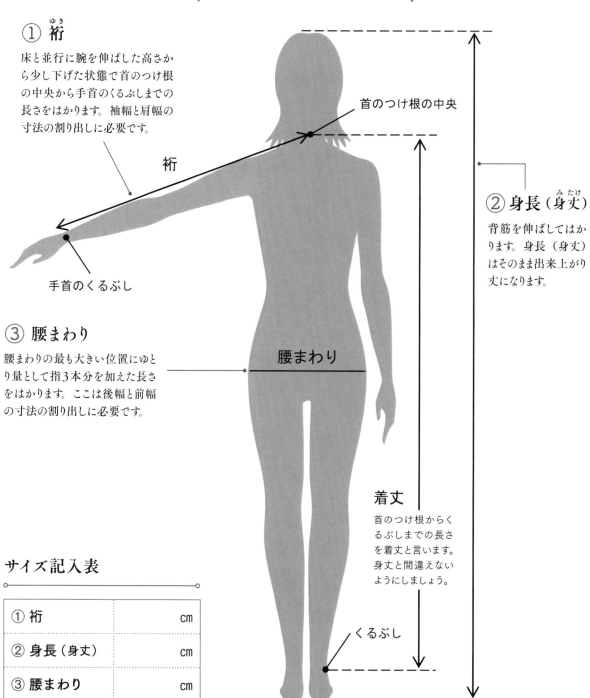

① 裄（ゆき）

床と並行に腕を伸ばした高さから少し下げた状態で首のつけ根の中央から手首のくるぶしまでの長さをはかります。袖幅と肩幅の寸法の割り出しに必要です。

裄

首のつけ根の中央

手首のくるぶし

② 身長（身丈）（みたけ）

背筋を伸ばしてはかります。身長（身丈）はそのまま出来上がり丈になります。

③ 腰まわり

腰まわりの最も大きい位置にゆとり量として指3本分を加えた長さをはかります。ここは後幅と前幅の寸法の割り出しに必要です。

腰まわり

着丈

首のつけ根からくるぶしまでの長さを着丈と言います。身丈と間違えないようにしましょう。

くるぶし

サイズ記入表

① 裄	cm
② 身長（身丈）	cm
③ 腰まわり	cm

1 自分のサイズを計測する

左ページのイラストを参考に裄、身長（身丈）、腰まわりのサイズをはかりましょう。

正しくはかるために、Tシャツやスパッツなど、体のラインがわかる姿で行います。髪が長い人はひとつにまとめて、首まわりをすっきりさせておきましょう。

サイズをはかり終えたら、サイズ記入表に書きとめておきます。

2 計測サイズから 各部の寸法を割り出す

次に、浴衣をつくるのに必要な各部の寸法を割り出します。

右の出来上がり寸法表の「自分の寸法」の欄を埋めていきます。計算が必要なところもあるので、式に当てはめて寸法を割り出しましょう。

計算が手間という人は、54ページに寸法早見表があるので、利用してください。

「自分の寸法」欄に記入した寸法は、総用布量の計算（P55）やしるしつけ（P60〜）のときに使います。

和裁ミニ知識

鯨尺とは

「尺」は昔から用いられていた寸法のことで、建築で使われる曲尺と、和裁で使われる鯨尺があります。鯨尺の1尺は約37.9cm。

戦後、尺貫法の廃止により、どちらもメートルに統一されましたが、しばらく学校の教科書は鯨尺とメートルを併記したり、巻末に換算表が掲載されたりしていました。

その名残で、現在も着物を仕立てるときや呉服業界では鯨尺が使われています。

単位は丈、尺、寸、分、厘があり、1丈＝10尺、1尺＝10寸、1寸＝10分、1分＝10厘となります。

本書ではわかりやすいメートル表記を採用しています。

出来上がり寸法表

各部名称	計算方法	自分の寸法 単位：cm	例 単位：cm
身長（しんちょう）	実測します		158
身丈（みたけ）	身長と同寸		158
衿下（えりした）	身長÷2		79
着丈（きたけ）	身長 − 27cm		131
腰まわり（こし）	実測します		96
前幅（まえはば）	腰まわり÷4		24
後幅（うしろはば）	腰まわり÷4＋6cm		30
身八つ口（みやつくち）	標準寸法を使います	13	13
衿肩あき（えりかた）	〃	8.5	8.5
衽幅（おくみはば）	〃	15	15
衽下がり（おくみさがり）	〃	23	23
合褄幅（あいづまはば）	〃	13.5	13.5
上衿幅（うわえりはば）	〃	5.5	5.5
下衿幅（したえりはば）	〃	6.5	6.5
くりこし	〃	2	2
裄（ゆき）	実測します		66
袖幅（そではば）	裄÷2＋1cm		34
肩幅（かたはば）	裄÷2−1cm		32
袖丈（そでたけ）	標準寸法を使います	50	50
袖口（そでぐち）	〃	23	23
袖つけ（そでつけ）	〃	23	23
袖の丸み（そでのまるみ）	〃	2	2

次のページに寸法早見表があるので、自分で計算するのが手間という人は利用してね

寸法早見表

① 裄

(単位：cm)

裄	袖幅	肩幅	裄	袖幅	肩幅
58	30.0	28.0	65	33.5	31.5
59	30.5	28.5	66	34.0	32.0
60	31.0	29.0	67	34.5	32.5
61	31.5	29.5	68	35.0	33.0
62	32.0	30.0	69	35.5	33.5
63	32.5	30.5	70	36.0	34.0
64	33.0	31.0	71	36.5	34.5

P52ではかったサイズを
この表に当てはめれば
各部の寸法が
計算しなくても
ひと目でわかるよ

② 身長（身丈）

(単位：cm)

身長	衿下	身長	衿下	身長	衿下	身長	衿下
140	70	150	75	160	80	170	85
141	71	151	76	161	81	171	86
142	71	152	76	162	81	172	86
143	72	153	77	163	82	173	87
144	72	154	77	164	82	174	87
145	73	155	78	165	83	175	88
146	73	156	78	166	83	176	88
147	74	157	79	167	84	177	89
148	74	158	79	168	84	178	89
149	75	159	80	169	85	179	90

※衿下の数値は小数点第1位を四捨五入

③ 腰まわり

(単位：cm)

腰まわり	前幅	後幅	腰まわり	前幅	後幅	腰まわり	前幅	後幅
85	21.0	27.0	97	24.0	30.0	109	27.0	33.0
86	21.5	27.5	98	24.5	30.5	110	27.5	33.5
87	22.0	28.0	99	25.0	31.0	111	28.0	34.0
88	22.0	28.0	100	25.0	31.0	112	28.0	34.0
89	22.0	28.0	101	25.0	31.0	113	28.0	34.0
90	22.5	28.5	102	25.5	31.5	114	28.5	34.5
91	23.0	29.0	103	26.0	32.0	115	29.0	35.0
92	23.0	29.0	104	26.0	32.0	116	29.0	35.0
93	23.0	29.0	105	26.0	32.0	117	29.0	35.0
94	23.5	29.5	106	26.5	32.5	118	29.5	35.5
95	24.0	30.0	107	27.0	33.0	119	30.0	36.0
96	24.0	30.0	108	27.0	33.0	120	30.0	36.0

※前幅と後幅は小数点以下をきりのよい数値に統一

総用布量の計算（積もる）

浴衣各部の寸法が割り出せたら、それをもとにして、次は反物がどのくらい必要かを計算します。
ここでは縫い代などを加えた裁ち切り寸法から総用布量を割り出します。

1 裁ち切り寸法を出す

反物の裁ち方をあらかじめ計画することを、和裁用語で
「積もる」と言います。
　採寸で割り出した出来上がり寸法（P53の表に記
入した「自分の寸法」）に、縫い代の始末に必要な
寸法を加えて、裁ち切り寸法（＝裁断する寸法）を決
めます。裁ち切り寸法にさらに必要な前後左右の布の
枚数をかけると総用布量が出ます。

総用布量を出してから反物を
準備すると失敗がないよ♪
P46に反物選びのヒントが
あるから参考にしてね

2 裁ち切り寸法の出し方

| 裁ち切り袖丈 53cm | ＝ | 出来上がり袖丈 50cm | ＋ | 縫い代 3cm |

| 裁ち切り身丈　　cm | ＝ | 身長　　cm | ＋ | 縫い代 5cm |

| 裁ち切り衽丈　　cm | ＝ | 裁ち切り身丈　　cm | － | 20cm |

| 総用布量　　cm | ＝ |

（裁ち切り袖丈 53cm×4）　＋　（裁ち切り身丈　　cm×4）　＋　（裁ち切り衽丈　　cm×2）

| ※余り布　　cm | ＝ | ※反物総丈　　cm | － | 総用布量　　cm |

※余り布は力布（P83）や肩当て・居敷当て（P146）、衿の芯となる三つ衿芯、柄合わせなどに使用します。
※反物総丈は次のページではかります。

総丈をはかる

反物の丈を確認します。1反は約12mですが少し長めのことが多いので、正確にはかります。
反物は折りたたんで寸法をはかりますが、この方法は裁断するときにも使うので、覚えておきましょう。

1 反物をへら台に広げる

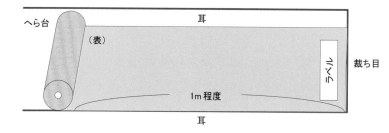

反物を1m程度、表を上にしてへら台の上に広げます。(通常、中表に巻いてあります)。
ラベルのあるほうが表ですが、注染(ちゅうせん)(P46参照)などの表裏の染めの違いがほとんどないものは、自分で表裏を決めましょう。
織りキズや染めムラ、汚れがないかも確認します(P55のAdvice参照)。

2 反物の耳を合わせる

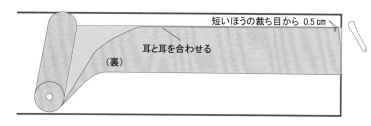

裁ち目をそろえるため、1で広げた反物の耳と耳を合わせ、幅を半分にします。右端の裁ち目の一番短いところに合わせ、耳で0.5cm内側にへらでしるしをつけます。

3 反物の端を裁断する

布を広げ、へらのしるしを結び(=通しべらP44参照)、しるしに沿って裁断します。反物の端は裁ち目がまっすぐになり、きれいに整いました。

4 反物をへら台に固定する

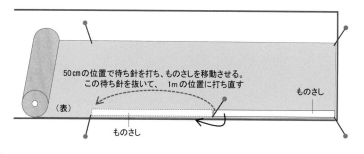

3でそろえた裁ち目をへら台の右端に、手前の耳をへら台の下端に合わせ、待ち針を打ちます。
反物下端にものさしを沿わせ、右端から50cmをはかり、そこに待ち針を打ちます。さらにそこから50cmはかり、1mのところで待ち針を打ち直します。
反物の上端でも同じ作業をします。

5 反物をたたむ

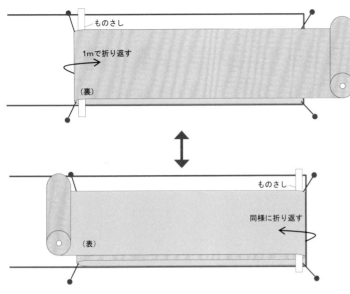

左側の待ち針の位置（1m）にものさしを縦に置き、反物を折り返して右端に戻ります。

同様にものさしを右端に置き、反物を折り返します。反物が終わるまでこれをくり返します。このたたみ方を「屏風だたみ」と言います。

6 総丈を確認し、糸じるしをつける

③ 糸じるし

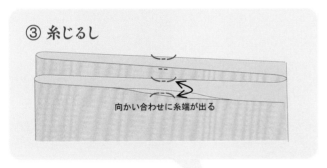

向かい合わせに糸端が出る

> 和裁は基本、
> へら台の上で行うよ
> 右端からスタート
> すると裁ち間違いが
> ないよ

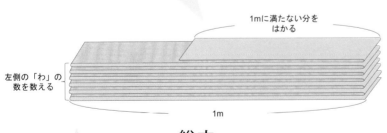

1mに満たない分をはかる

左側の「わ」の数を数える

1m

総丈　　cm

① 糸じるし

② 糸じるし

反物をたたみ終えたら、総丈を確認します。

　待ち針を外し、反物の左側の「わ」の数を数えます。
左側の「わ」の数×2＋半端分（1mに満たない分）＝総丈となります。
必ずメモしておきましょう。

　反物の表裏がわかるように糸じるしを3ヵ所につけます。
① 右側の「わ」は外側すべてに糸じるしをつけます。
② 左側の「わ」は内側すべてに糸じるしをつけます。
③ 上端中心付近の向き合った内側の表同士に糸じるしをつけます。

STEP4

裁断（柄合わせがない場合）

反物の丈をはかり終えたら、いよいよ反物を裁断します。裁断は慎重に行いましょう。
柄合わせの方法は P96 に掲載しています。

1 裁断図に裁ち切り寸法を記入する

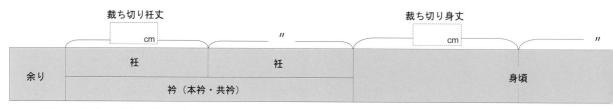

P55 で積もった裁ち切り寸法を空欄に記入しましょう。

2 反物を折りたたみ、裁断する

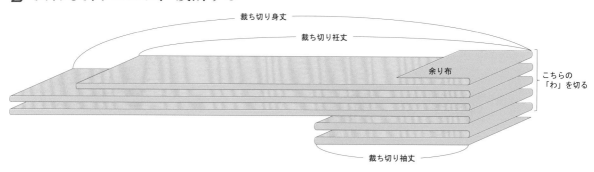

前ページの総丈をはかったところからスタートします。

1の裁断図を見ながら、各パーツの寸法をはかり、反物を折りたたんでいきます。反物の右端の角を待ち針でとめてから、裁ち切り袖丈→裁ち切り身丈→裁ち切り衽丈の順に

「屏風だたみ」をします。

たたみ終えたら、再度寸法を確認し、間違いがなければ最後に右側の「わ」を裁断します。左側を裁断しないように注意しましょう。

3 衽と衿を裁ち分ける

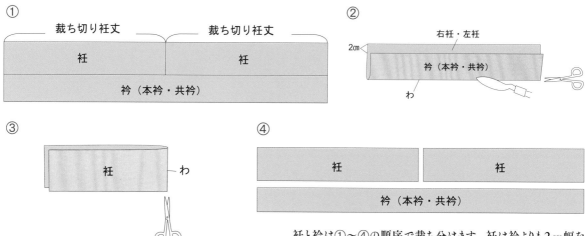

衽と衿は①〜④の順序で裁ち分けます。衽は衿よりも2cm幅を広く取り、裁ち分けます。衿はしるしつけのときに、本衿と共衿に裁ち分けるので、ここではそのままにしておきましょう。

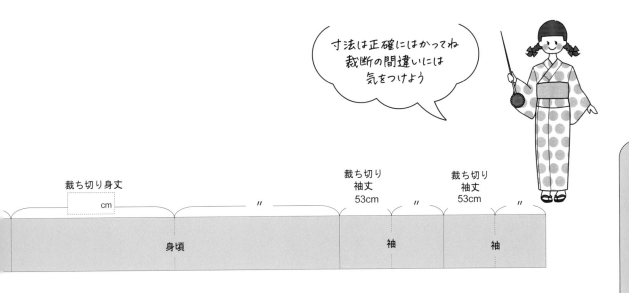

寸法は正確にはかってね
裁断の間違いには
気をつけよう

裁ち切り身丈　　　　　　　　　　　　　　　裁ち切り　　　　　裁ち切り
　　　　cm　　　　　　　　　　　〃　　　　袖丈　　　　〃　　袖丈　　　〃
　　　　　　　　　　　　　　　　　　　　　53cm　　　　　　　53cm

身頃　　　　　　　　　　　　　　　　　　　　　袖　　　　　　　袖

4 裁断したパーツを確認する

裁断したパーツはこのようになります。衿は本衿と
共衿に分かれますが、ここでは裁ち分けません。
　全部で7つのパーツになります。

衿（本衿・共衿）

袖山　　　肩山　　　　　　　　　　　　　　肩山　　　袖山

右袖　　右身頃　　　　　　　　　　　　　左身頃　　左袖

右衽　　左衽

しるしつけ

しるしつけは、袖→後身頃→前身頃→衽→衿（本衿・共衿）の順に行います。
大事なところやしるしがつきにくいところは、糸じるしをつけましょう。

今ココ！

1 糸じるしをつける

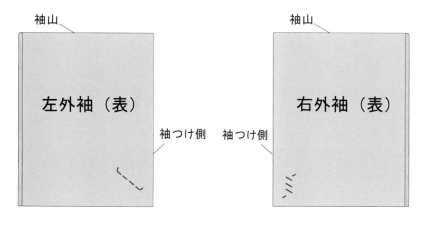

左右の袖に糸じるしをつけます。布を外表にし、図のように袖山で折ります。
　左は大きく3針程度の並縫い、右はカタカナの「ミ」のしるしをつけます。

2 布をへら台に固定する

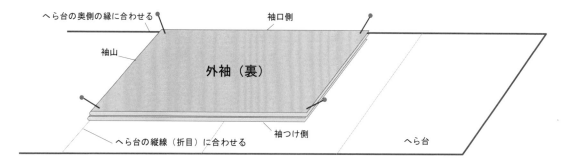

左右の袖をそれぞれ中表にして合わせ、袖山で折ります。へら台に袖山を左、袖つけ側を手前にして置き、布の四つ角に待ち針を打ち、固定します。

糸じるしの位置はどちらでも OK

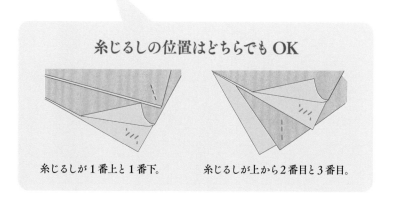

糸じるしが1番上と1番下。　　糸じるしが上から2番目と3番目。

3 しるしをつける

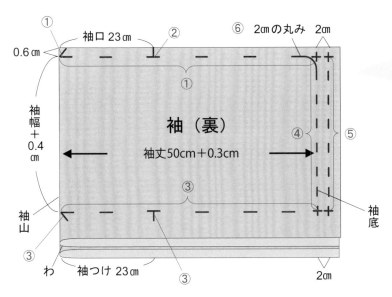

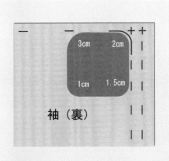

丸みのしるしつけ

市販の丸み型か本書付属の型紙（P155）を用いて、通しべらでしるしをつけましょう。

本書の型紙は厚紙に貼りつけるとしるしがつけやすくなります。女性の浴衣では2cmの丸みの部分を使います。

袖は次の順序でしるしをつけます。

① 袖口側から縫い代 0.6cm でしるしをつけます。袖口側の袖山に山じるしをつけます。

② 袖口側の袖山から袖口 23cm に T 字をつけます。

③ ①から「袖幅＋ 0.4cm」でしるしをつけます。袖つけ側の袖山に山じるしをつけます。袖つけ側の袖山から、袖つけ 23cm に T 字をつけます。

④ 袖山から「袖丈 50cm ＋ 0.3cm ＝ 50.3cm」でしるしをつけ、①と③と交わるところで十文字をつけます。十文字を縦に結びます。

⑤ ④から 2cm のところに袋縫いのしるしをつけます。同様に十文字をつけ、縦に結びます。

⑥ 丸み型を使用してしるしをつけます（右上図参照）。

Advice

裁断前に地直しを

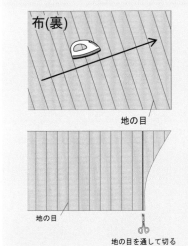

布を裁断する前に、地の目のゆがみや耳のつれなどがないか、反物の状態を確認しましょう。

地の目がゆがんでいると、仕立て上がったあと、型崩れや着崩れの原因になります。

ゆがんでいる場合は、図のようにゆがんでいる方向と逆方向に布を引っ張り、アイロンで伸ばします。

ゆがみや耳のつれが取れたら、地の目を通して切ります。

袖幅は P53 の「出来上がり寸法表」の自分の寸法を当てはめてね

このあとに出てくる肩幅や後幅、前幅も自分の寸法を当てはめてね

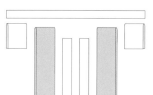

1 糸じるしをつける

身頃の肩山に糸じるしをつけます。
手前と奥の4ヵ所につけます。

後身頃(裏)

2 布をへら台に固定する

肩山
身頃（裏）
へら台

身頃2枚を中表に合わせます。袖と同じように待ち針を打ち、布を固定します。

肩幅と後幅の差が 2.5cm以上ある場合は次のページを見てね

3 しるしをつける

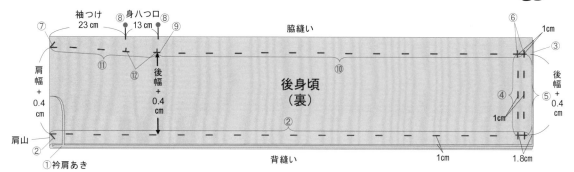

袖つけ 23cm　⑧ 身八つ口 13cm ⑧　⑨　脇縫い　⑥　1cm
⑦　　⑪　　⑫　後幅+0.4cm　後身頃(裏)　⑩　③
肩幅+0.4cm　　②　　　　　　　　　　④　後幅+0.4cm
肩山　②　　　　　　　　　1cm
②①衿肩あき　背縫い　1cm　1.8cm

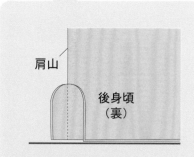

肩山
後身頃（裏）

衿肩あきの切り込み

本書付属のくりこし型（P155）を用いて、通しべらでしるしをつけます。
　布がずれないように衿肩あきの位置に待ち針を打ちましょう。
　しるし通りに4枚の身頃のうち、上の2枚のみに切り込みを入れます。

次の順序でへらでしるしをつけます。
① 付属のくりこし型を用いて、衿肩あきに9.5cmの切り込みを入れます（左図参照）。
② 手前から縫い代1cmでしるしをつけ、山じるしをつけます。
③ 裾の長さをそろえます。裾4枚の布のうち、一番短い裁ち目に合わせ、通しべらでしるしをつけ、縫い代を裁ちそろえます。
④ 裾から縫い代1.8cmでしるしをつけ、②と交わるところで十文字をつけます。
⑤ ④のしるしから裾側へ縫い代1cmでしるしをつけ、②と交わるところで十文字をつけます。
⑥ ②から「後幅＋0.4cm」でしるしをつけ、④と⑤が交わるところに十文字をつけます。
⑦ ②から「肩幅＋0.4cm」でしるしをつけ、山じるしをつけます。
⑧ 肩山から袖つけ23cm、身八つ口13cmの位置で、布の耳に待ち針を打ちます。
⑨ ⑧の身八つ口の位置で、②から「後幅＋0.4cm」でしるしをつけます。
⑩ ⑥と⑨を結び、まっすぐに脇線のしるしをつけます。
⑪ ⑦と⑨を結び、斜めの線でしるしをつけます。
⑫ 袖つけ23cm、身八つ口13cmにT字をつけます。

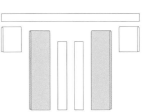

前身頃

1 布を広げる

後身頃2枚（上の2枚の身頃）を左に広げ、前身頃2枚
のみにしるしつけができるように準備します。

2 しるしをつける

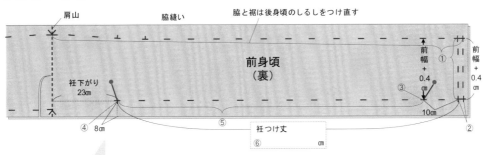

次の順序でへらでしるしをつけます。
① 後身頃でつけた脇線と裾線のしるしをしっかりへらでつけ直します。T字や
十文字もつけ直します。
② 裾の位置の十文字から「前幅＋0.4cm」のしるしをつけ、十文字をつけます。
③ 裾から10cm上がったところで、もう一度「前幅＋0.4cm」のしるしをつけ、
②と結び、間にひとつしるしをつけ、待ち針を打ちます。
④ 肩山から衽下がり23cmをはかり、手前の布の耳から8cm上がったところに
衽下がりの位置を示すT字をつけ、待ち針を打ちます。
⑤ ③と④に糸のものさし（P42参照）で斜めのしるしをつけます。
⑥ ④から裾の十文字までの寸法をはかり、「衽つけ丈」寸法をメモします。
⑦ 2枚の前身頃の④のT字に、糸じるしをそれぞれにつけます。糸じるしは十
文字にします（左図参照）。

後身頃B （肩幅と後幅の差が2.5cm以上の場合）

1 糸じるしをつける
2 布をへら台に固定する
　　　　　　　　　　}P62と同じ
3 しるしをつける

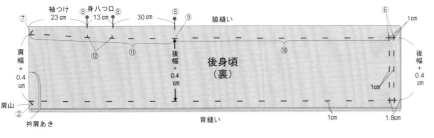

①〜⑦まではP62と同じ。
⑧ 肩山から袖つけ23cm、身八つ口13cm、30cmの
位置で、布の耳に待ち針を打ちます。
⑨ 身八つ口から30cmの位置で②から「後幅＋0.4
cm」でしるしをつけます。これは肩山と後幅を結ぶ線
をなだらかにするためです。
⑩ ⑥と⑨を結び、まっすぐに脇線のしるしをつけます。
⑪ ⑦と⑨を結び、
糸のものさし（P42
参照）で斜めの
線でしるしをつけ
ます。
⑫ 袖つけ23cm、
身八つ口11cmに
T字をつけます。

今ココ！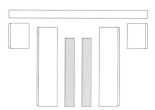

1 布をへら台に固定する

へら台

耳

衽（裏）

上前　下前　裁ち目　へら台の右下の角に合わせる

衽2枚を中表に合わせます。へら台に裁ち目を手前に、裾を
右端の角に合わせ、布の四つ角に待ち針を打ち、固定します。

衽のしるしつけは
複雑だけど
順番通りに
丁寧につけていこう

2 しるしをつける

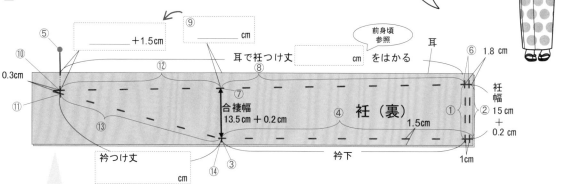

前身頃
参照

⑤　＋1.5cm　⑨　cm

耳で衽つけ丈　cm　をはかる　耳

⑥　1.8 cm

⑩

0.3cm

⑪

⑫　⑧

⑦

合褄幅
13.5 cm ＋ 0.2cm

衽（裏）

④

1.5cm

衽幅
15 cm
＋
0.2 cm

①

②

⑬

⑭　③

衿つけ丈

cm

衿下

1cm

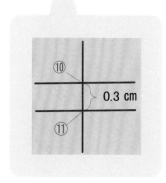

⑩

0.3 cm

⑪

次の順序でへらでしるしをつけます。
① 裾から縫い代 1.8cmでしるしをつけます。
② ①のしるしから布の裾に向かって縫い代 1cmでしるしをつけます。
③ 手前の裁ち目で①のしるしから「衿下」寸法（P53 の表に記入した自分の寸法）
をはかり、しるしをつけます。
④ ③まで縫い代 1.5cmでしるしをつけ、縫い代 1.8cmと1cmが交わるところは十文字、
③はT字にします。
⑤ 布の耳側で、①のしるしから身頃の「衽つけ丈」寸法（前身頃でメモした寸法）
をはかり、耳にしるしをつけ、待ち針を打ちます。
⑥ ④の十文字から「衽幅 15cm＋ 0.2cm ＝ 15.2cm」で十文字をつけます。
⑦ ③のT字から「合褄幅 13.5cm＋ 0.2cm ＝ 13.7cm」でしるしをつけます。
⑧ ⑥と⑦を斜めに結びます。
⑨ ⑦の合褄幅の上の縫い代をはかり、メモをします。
⑩ ⑤の位置で、⑨ではかった「縫い代＋1.5cm」のしるしをつけ、十文字にします。
⑪ ⑩のしるしから0.3cmでしるしをつけ、カタカナの「キ」のようなしるしにします（左
拡大図参照）。
⑫ ⑩と⑦を斜めに結びます。
⑬ ⑪のしるしと③を斜めに結びます。この寸法をはかり、衽の「衿つけ丈」寸法をメ
モします。
⑭ 2枚の衽の③に糸じるしをそれぞれつけます。つけ方は前身頃の糸じるしと同じです。

衿（本衿・共衿）

  今ココ！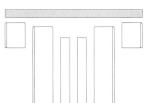

1 糸じるしをつけ、本衿と共衿に裁ち分ける

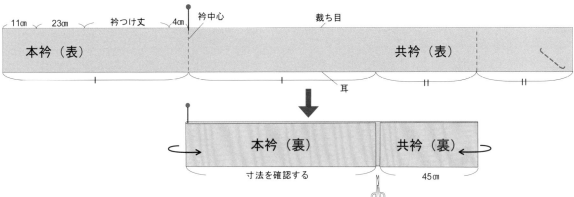

衿を表に向け、裁ち目を上、耳を手前にして置きます。右側を共衿とし、糸じるし（並縫い）をします。共衿は90〜95cmを目安にしましょう。本書では90cmとしています。

左端から本衿を取ります。衿肩まわり11cm、衽下がり23cm、衿の「衿つけ丈」寸法（衽でメモした寸法）、衿先の縫い代4cmを取り、待ち針を打ちます。

ここが本衿の中心となります。本衿の中心で折り返し、共衿は本衿の端に合わせて折り返し、その境目を裁断します。

2 布をへら台に固定する

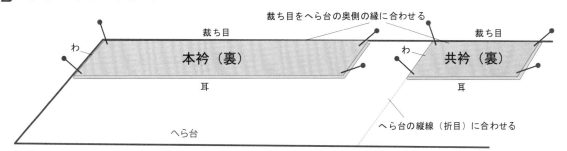

1の状態から、本衿・共衿をへら台に置きます。ともに「わ」を左に、裁ち目は上側にして置きます。

共衿の「わ」はへら台の折目に合わせましょう。布の四つ角を待ち針で打ち、固定します。

和裁ミニ知識

着物の衿のこと

着物の衿は二重構造で、本衿の上に共衿が重なっています。

本衿は地衿とも呼ばれ、左衽の衿下のT字位置から首まわりを通り、右衽の衿下のT字まで身頃と縫い合わせる細長い布のことです。共衿は掛衿とも呼ばれ、本衿の上に重なる90〜95cmの短めの布のことです。

共衿があることにより本衿が汚れることを防ぎます。

普段着の着物の衿は、衿幅の違いにより、女性用のバチ衿（衿先に向け衿幅が広くなる）や男性用の棒衿に区別することができます。

3 しるしをつける

【本衿】

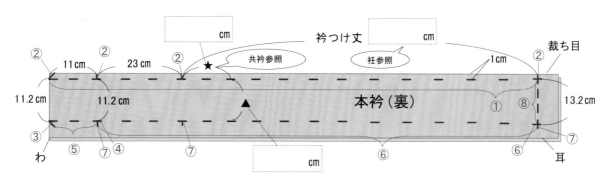

次の順序でへらでしるしつけをします。

① 裁ち目から縫い代 1cm でしるしをつけます。

② 「わ」（衿の中心）に山じるし、衿肩まわり 11cm に T 字、衽下がり 23cm に T 字、衽の「衿つけ丈」寸法（衽でメモした寸法）で十文字をつけます。

③ 「わ」（衿の中心）で①から「上衿幅 5.5cm × 2 ＋ 0.2 cm ＝ 11.2cm」でしるしをつけ、山じるしもつけます。

④ 衿肩まわり 11cm の T 字で②から「上衿幅 5.5cm × 2 ＋

0.2cm ＝ 11.2cm」でしるしをつけます。

⑤ ③と④を結びます。

⑥ ②の十文字から「下衿幅 6.5cm × 2 ＋ 0.2cm ＝13.2cm」でしるしをつけ、④と斜めに結びます。

⑦ ⑥の線上に衿肩まわり 11cm の T 字、衽下がり 23cm の T 字、衽の「衿つけ丈」寸法の十文字でしるしをつけます。

⑧ ②の十文字と⑦の十文字を縦に結びます。

【共衿】

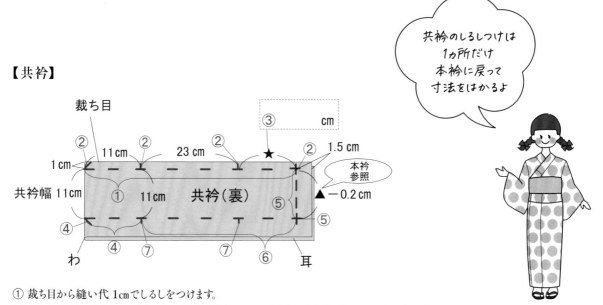

共衿のしるしつけは
1ヵ所だけ
本衿に戻って
寸法をはかるよ

① 裁ち目から縫い代 1cm でしるしをつけます。

② 「わ」（衿の中心）に山じるし、衿肩まわり 11cm に T 字、衽下がり 23cm に T 字、布の右端から縫い代 1.5cm で十文字をつけます。

③ 衽下がり 23cm の T 字から縫い代 1.5cm までの寸法をはかり、メモします（★）。続いて【本衿】に移動し、【本衿】の衽下がり 23cm の T 字から（★）の位置の本衿幅をはかり、メモします（▲）。

④【共衿】に戻り、「わ」（衿の中心）で①から共衿幅 11cm でしるしをつけ、山じるしをつけます。衿肩まわり 11cm の T 字で②から共衿幅 11cm でしるしをつけ、結びます。

⑤ ②の十文字から「（▲）－ 0.2cm 幅」で十文字をつけて、縦に結びます。

⑥ 「わ」（衿の中心）から衿肩まわり 11cm の共衿幅と⑤を斜めに結びます。

⑦ ⑥の線上に衿肩まわり 11cm の T 字、衽下がり 23cm の T 字をつけます。

縫う

しるしつけが終わったら、下記の順序で縫っていきましょう。縫い糸はすべて1本取りです。
縫う前に必要な材料を用意し、縫い方を確認しておきましょう。

❀ 縫う順序と縫い方図

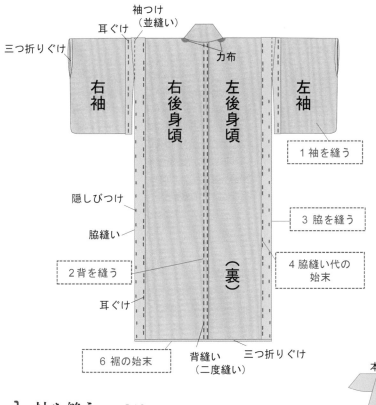

下記の順序で縫っていきます。

和裁特有の縫い方も多いですが、第2章の基礎縫い（P36〜）にわかりやすく解説しているので、参考にしてください。糸こきをこまめにし、こてやアイロンを丁寧にかけ、長く縫う箇所はかけ針・くけ台を使いましょう。

1　袖を縫う　→P68

2　背を縫う　→P71

3　脇を縫う　→P72

4　脇縫い代の始末　→P74

5　衽をつける　→P77

6　裾の始末　→P80

7　本衿をつける　→P82

8　袖をつける　→P88

9　共衿をつける　→P90

10　仕上げ　→P92

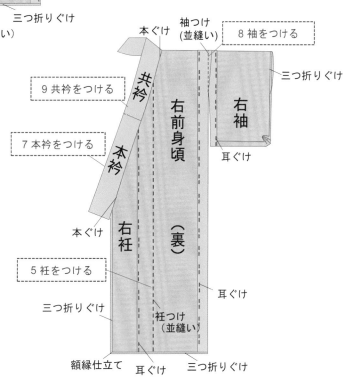

袖を縫う（左袖）

今ココ！

1 袖底の袋縫いをする

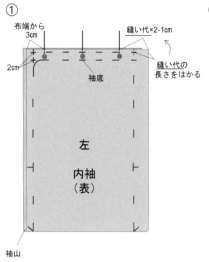

① 布端から3cm
2cm
縫い代×2-1cm
縫い代の長さをはかる
袖底
左 内袖（表）
袖山

② 縫い終わり
縫い始め
袖底
左 内袖（表）
袖山

③ 手前に0.1cmのきせ
袖底
左 内袖（表）
袖山

袖を外表で二つ折りにして、袖底から2cmで待ち針を打ちます。

　丸み側は布端から3cm、袖つけ側は縫い代の長さをはかり、「縫い代×2 − 1cm」で待ち針を打ち、中間にも何本か打ちます。

袖底から2cmの待ち針のところを並縫いをします。縫い終わりは返し縫いはせず、糸こきをして玉どめをします。

縫ったところに、手前に0.1cmのきせをかけます（きせのかけ方はP45参照）。

2 袖口下から袖底まで縫う

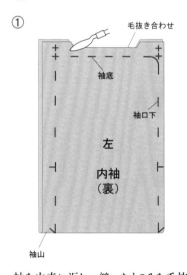

① 毛抜き合わせ
袖底
袖口下
左 内袖（裏）
袖山

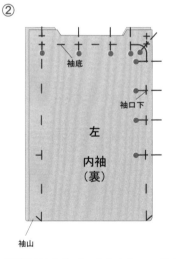

② 縫い終わり
縫い始め
袖底
袖口下
左 内袖（裏）
袖山

③ 縫い終わり
袖底
袖口下
縫い始め
すくいどめ
左 内袖（裏）
袖山

袖を中表に返し、縫ったところを毛抜き合わせに整えます（毛抜き合わせはP45参照）。

袖底と袖口下のしるしを合わせ、待ち針を打ちます。

袖口下から袖底を縫います。縫い始めは2〜3cmの返し縫いをし、袖口どまりではすくいどめ（P38参照）、丸みは細かく縫います（ぐし縫い）。

　縫い終わりも2〜3cmの返し縫いをし、玉どめは内袖側にします。

3 丸みを始末する

①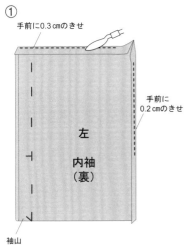

手前に0.3cmのきせ

手前に
0.2cmのきせ

左
内袖
（裏）

袖山

こてを当て、縫い目を落ち着かせたら、袖底に0.3cm、袖口下に0.2cmのきせを手前にかけます。

②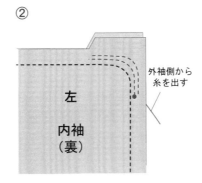

左
内袖
（裏）

外袖側から糸を出す

袖底の丸みに沿って0.4cm外側を縫います。そのまま続けて2本目を縫います。1本目の針目とそろえ、0.4cm外側を縫います。

最後は玉どめはせず、外袖側に糸を5〜10cm程度残しておきます。

③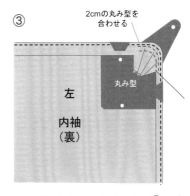

2cmの丸み型を合わせる

左
内袖
（裏）

丸み型

丸み型をきせに合わせたら、②で残した糸を引き、糸端を結びます。ひだを同じ向きにしてこてで整えます。

※本書付属の丸み型を使用する場合は、金具の代わりに待ち針で縫い代をとめて作業をしましょう。

④

左
内袖
（裏）

縫い代のひだを返し縫いで押さえます。ひだの向きを同じ方向にすると布がかさばらず、仕上がりが美しくなります。最後に玉どめをして、丸み型を外します。

袖の丸みの縫い代は裁ち落とさず縫い込んでおくよ

4 袖口をくける（内袖側）

①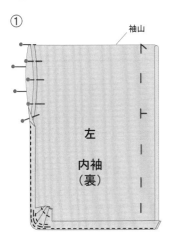

袖山

左
内袖
（裏）

袖口のしるしから0.2cm内側（きせ分）で折り、三つ折り（P70参照）にします。このとき、内袖側は袖口どまりよりも1cm下まで折りましょう。適宜待ち針を打ちます。

②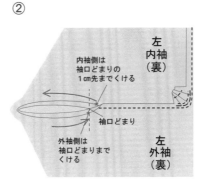

左
内袖
（裏）

内袖側は袖口どまりの1cm先までくける

袖口どまり

外袖側は袖口どまりまでくける

左
外袖
（裏）

1cm間隔で三つ折りぐけ（P41参照）をします。縫い始めは袖口どまりより1針先（1cm）までくけます。縫い終わりは袖口どまりまで三つ折りぐけし、縫い代の中で玉どめをします。

5 右袖も同様に縫う

右袖は左右対称なので、左袖とは逆向きになるので間違えないようにしましょう。これで両袖が縫い終わりました。

6 しつけをかける

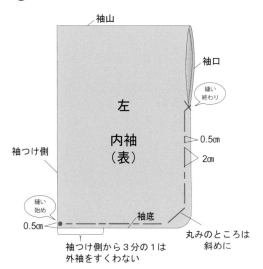

- 袖山
- 袖口
- 縫い終わり
- 左 内袖（表）
- 0.5cm
- 2cm
- 袖つけ側
- 縫い始め
- 0.5cm
- 袖底
- 丸みのところは斜めに
- 袖つけ側から3分の1は外袖をすくわない

表に返し、内袖側を見ながら、袖底と袖口下のきせを毛抜き合わせに整え、そこに待ち針を打ちます。

袖つけ側から3分の1は内袖と袖底の縫い代のみに待ち針を打ちます。

袖底から袖口まで二目落とし（P43参照）のしつけをかけます。

縫い始めは折山から0.5cmに針目が見えるように出します。3分の1は内袖と縫い代だけにしつけをかけます。縫い終わりの袖口どまりは右図のように針を動かします。

右袖のしつけは縫い始めが袖口どまりの押さえからになります。

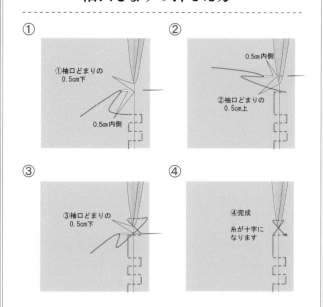

袖口どまりの押さえ方

① ①袖口どまりの0.5cm下　0.5cm内側

② 0.5cm内側　②袖口どまりの0.5cm上

③ ③袖口どまりの0.5cm下

④ ④完成　糸が十字になります

図のような順序で十字に針を入れます。

① 内袖の袖口どまりから0.5cm下がって、内側に0.5cm入ったところから針を入れ、そのまま外袖の同じ位置で針を出します。

② その針を、内袖の袖口どまりから0.5cm上がって、内側に0.5cm入ったところに入れ、そのまま外袖の同じ位置で針を出します。

③ その針を最初と同じ位置に入れ、外袖側に針を出します。

④ 外袖側で玉どめをしたら完成です。

袖のしつけは毛抜き合わせの折目を落ち着かせるためしつけは着る直前に取るよ

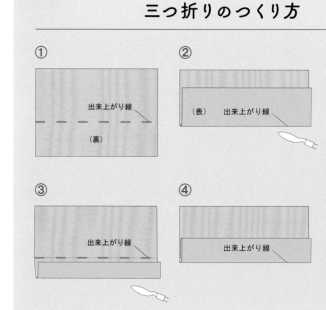

Advice

三つ折りのつくり方

① 出来上がり線　（裏）

② （表）　出来上がり線

③ 出来上がり線

④ 出来上がり線

① 出来上がり線を確認します。

② 出来上がり線で縫い代を折り、こてで折目をつけます。

③ 縫い代をいったん開きます。縫い代の半分で折り、こてで折目をつけます。

④ 最初に折った出来上がり線で再び折ったら、三つ折りが完成。これで三つ折りぐけの準備ができました。

背を縫う

今ココ！

1 待ち針を打つ

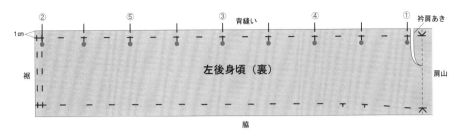

左右の後身頃を中表に合わせて、裾を左側に置きます。

背縫いのしるし1cmのところにに待ち針を打ちます。①衿肩あき、②裾から1.8cmの十文字、③は①と②の中間、④以降はそれぞれの中間でつり合いよく打ちます。

※長い箇所に待ち針を打ったり、縫ったりするときはかけ針・くけ台を使いましょう。

2 背縫いをする

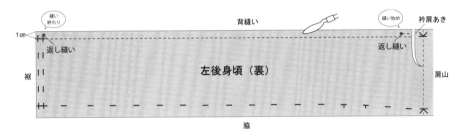

待ち針のところを並縫いします。縫い始めは2～3cmの返し縫いをします。

こまめに糸こきをし、裾の布端まで縫えたら針を休めます。縫い始めから糸こきをし、こてを当てて縫い目を落ち着かせます。縫い終わりは2～3cmの返し縫いをし、玉どめをします。

3 二度縫いをする

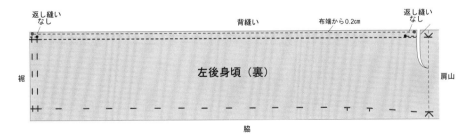

布の耳から0.2cm内側を並縫いします。返し縫いはせずにそのまま玉どめをします。

4 きせをかける

衿肩あきを右手で持ち、縫い目の0.2cm内側にきせをかけます。右側からこてを当てて、縫い代を手前に折ります。背縫いができました。

脇を縫う

今ココ！

1 身頃を中表にする

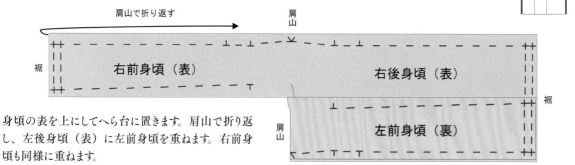

身頃の表を上にしてへら台に置きます。肩山で折り返し、左後身頃（表）に左前身頃を重ねます。右前身頃も同様に重ねます。

2 待ち針を打つ

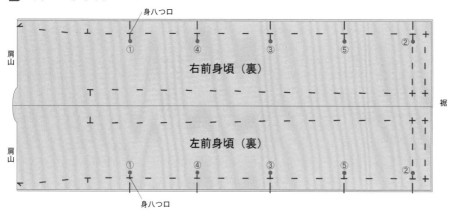

脇縫いのしるしに次の順序で待ち針を打ちます。①身八つ口、②裾 1.8 cmの十文字、③は①と②の中間、④と⑤はそれぞれの中間、適宜待ち針を足し、つり合いよく打ちます。右前身頃も同様に待ち針を打ちます。

3 縫い合わせる

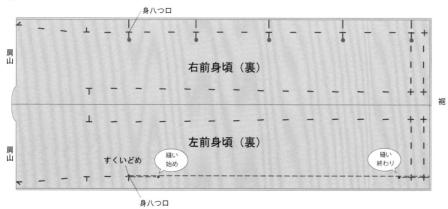

左脇を縫います。身八つ口から裾の布端までを並縫いをし、身頃を縫い合わせます。身八つ口と裾では2～3cmの返し縫い、身八つ口ではすくいどめをします。

4 反対側も縫う

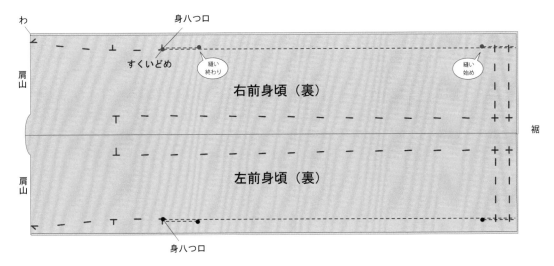

わ

身八つ口

すくいどめ

縫い終わり

右前身頃（裏）

縫い始め

肩山

裾

左前身頃（裏）

肩山

身八つ口

反対側も同様に縫い合わせます。両脇が縫い終わりました。

5 きせをかける

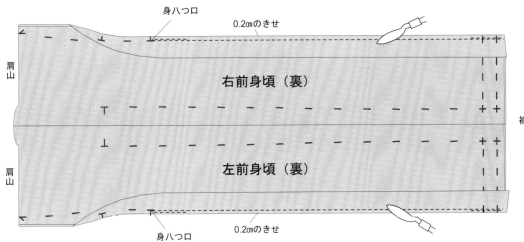

身八つ口

0.2㎝のきせ

右前身頃（裏）

肩山

裾

左前身頃（裏）

肩山

身八つ口

0.2㎝のきせ

両脇を縫い終えたら、前身頃側に0.2㎝のきせをかけます。両脇にきせをかけましょう。

　きせをかけた縫い代の幅をはかります。4㎝以上の場合はP74へ、4㎝未満の場合はP76へ進みましょう。

脇縫いは
身八つ口までだよ
袖つけまで
縫わないように
注意してね

脇縫い代の始末
(右脇・縫い代が4cm以上の場合※)

1 袖つけの縫い代を出す（肩山の始末）

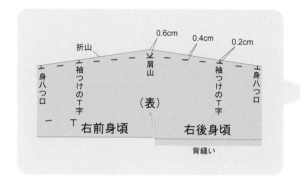
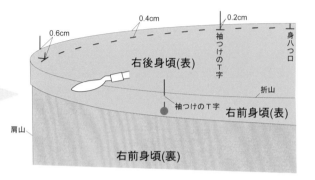

脇が縫い終えたら、脇縫い代の始末をします。

まずは袖つけ部分を丈夫にするために、縫い代を二重にします。肩山で0.6cm、袖つけのT字で0.2cm、しるしより縫い代を出して折り、待ち針を打ちます。

肩山と袖つけのT字の間は自然と0.4cm程度で折れます。それぞれ待ち針を打ったら、こてを当て、折目をつけます。

2 脇縫い代を開く

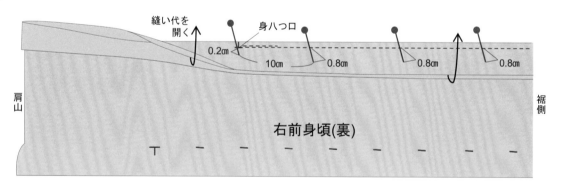

身八つ口で脇の縫い目から0.2cm、10cm下で0.8cmの位置に裾まで、図のように待ち針を打ちます。

待ち針を打った位置で後身頃（裏）の縫い代を開きます。縫い代が重なるところを、待ち針で打ち直し、こてを当てて折目をつけておきます。

上の待ち針を打つ作業は縫い代を落ち着かせるためだよ 丁寧に寸法をはかろう

※ P73ではかった脇縫い代の寸法のこと。4cm未満の場合はP76参照。

3 脇縫い代のみに待ち針を打ち直す

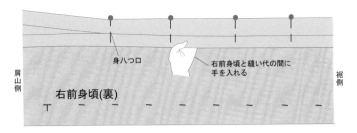

前身頃をすくわないように、脇縫い代のみに待ち針を打ち直します。

前身頃と縫い代の間に手を入れると作業がしやすいでしょう。

4 隠しびつけをする

折山から0.2cm内側に入ったところを、裾から身八つ口の1.5cm手前まで、隠しびつけ（P42参照）をします。

5 縫い代をこてで伸ばす

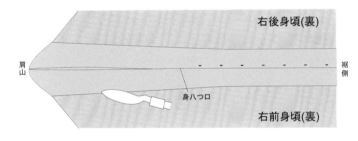

縫い代がつれる場合は、くける前に耳をこてで伸ばします。

これは身八つ口の縫い代がつれやすいために行う作業です。

6 縫い代をくける

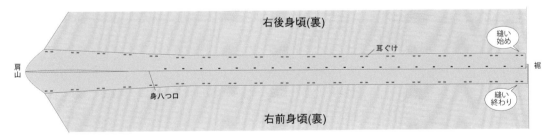

身頃と脇縫い代に待ち針を打ち、裾から脇縫い代を耳ぐけ（P41参照）で身頃にくけつけます。

縫い始めは1針返します。

7 反対側も同様に行う

反対側も同様に行います。
両脇の縫い代の始末が終わりました。

75

脇縫い代の始末
(右脇・縫い代が4cm未満の場合)

1 袖つけの縫い代を出す（肩山の始末）→ P74 と同じ

2 脇縫い代を開く

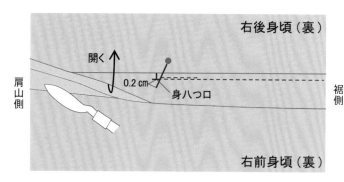

身八つ口で脇の縫い目から0.2cmの位置に、図のように待ち針を打ちます。

待ち針を打った位置で後身頃（裏）の縫い代を自然に三角になるように開き、こてを当てます。

縫い代の重なるところを、身頃をすくわないように待ち針を打ちます。縫い代の耳がつれる場合は、こてで伸ばします。

3 隠しびつけをする

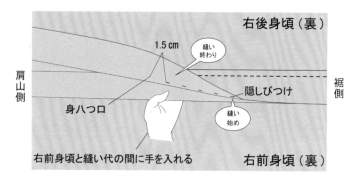

折山から0.2cm内側に入ったところを、身八つ口の1.5cm手前まで、隠しびつけ（P42 参照）をします。

4 縫い代をくける

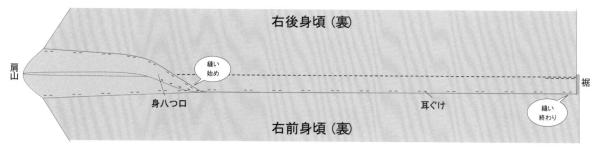

身頃と脇縫い代に待ち針を打ち、脇縫い代を耳ぐけ（P41 参照）で身頃にくけつけます。縫い始めは1針返します。

5 反対側も同様に行う

反対側も同様に行います。両脇の縫い代の始末が終わりました。

衽をつける

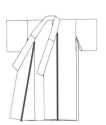

1 衽下を三つ折りにする

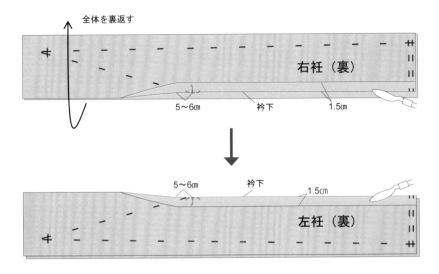

全体を裏返す

右衽（裏）

5〜6cm　　衽下　　　1.5cm

5〜6cm　　衽下　　1.5cm

左衽（裏）

衽のしるしつけが終わった状態からスタートします。

衽下の縫い代をしるしどおりに折り、こてを当てます。衽下のT字（糸じるし）よりも5〜6cm先まで同様に行います。

裏に返して、同様に行います。左右の衽ともいったん縫い代を開いて半分に折り、三つ折りにします（P70 参照）。

2 衽下に待ち針を打つ

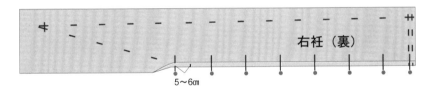

右衽（裏）

5〜6cm

右衽の三つ折りにしたところを待ち針でとめます。衽下のT字より5〜6cm先まで待ち針を打ちましょう。

3 衽下をくける

縫い終わり　　三つ折りぐけ　　右衽（裏）　　縫い始め

端から待ち針を打ったところまで、三つ折りぐけをします。

4 反対側も同様にくける

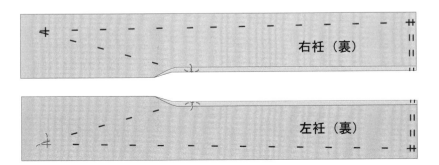

右衽（裏）

左衽（裏）

左衽も同様にくけましょう。左右の衽の三つ折りぐけができました。

5 前身頃と衽を並べる

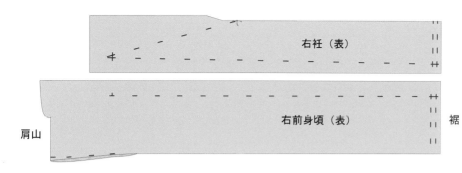

右前身頃と右衽を図のように、出来上がりの状態に並べます。

右衽（表）

肩山　　　　右前身頃（表）　　　　裾

6 待ち針を打つ

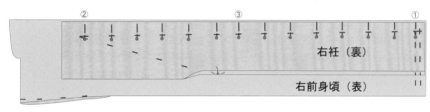

② ③ ①
右衽（裏）
右前身頃（表）

右前身頃と右衽を中表に重ね、衽つけのしるしに待ち針を打ちます。
　①裾の十文字と前身頃の十文字、②衽下がりのカタカナの「キ」の上の交わる点と身頃のT字に打ちます。③は①と②の中間、④以降はそれぞれの中間でつり合いよく打ちます。

7 縫い合わせる

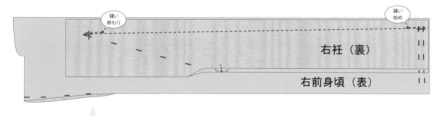

縫い終わり　　　　　　　　　　　縫い始め
右衽（裏）
右前身頃（表）

裾の布端から衽下がりの1針先（0.4cm）まで縫います（左下拡大図参照）。縫い始めと縫い終わりは2〜3cmの返し縫いをします。

身頃の衽下がりと
衽の衽下がりのしるしが
ずれてしまった場合は
身頃の衽下がりに合わせてね

8 きせをかける

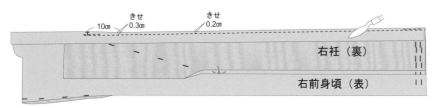

10cm　きせ0.3cm　　きせ0.2cm
右衽（裏）
右前身頃（表）

縫い代を手前に折り、衽側に0.2cmのきせをかけます。衽下がりから10cmの間ではきせが0.3cmになるようにします。

9 衿のしるしに待ち針を打つ

前身頃と衽が重なる範囲のみとめる

右衽（表）

右前身頃（表）

肩山

裾

表に返し、衿つけの準備をします。衿つけのしるしに待ち針を打ちます。前身頃の縫い代がないところは待ち針を打ちません。

10 「仮とじ」をする

0.5cm

右衽（表）

右前身頃（表）

肩山

裾

「仮とじ」とは浴衣が完成したときに見えていたら取る「しつけ」のことです。

衿つけをするときに前身頃と衽の縫い代が動かないように、衿つけのしるしより0.5cm縫い代側に仮とじをします。しつけ糸を使い、大きめの針目で並縫いをします。

11 前身頃の縫い代と衽に待ち針を打つ

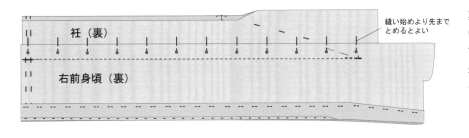

衽（裏）

縫い始めより先までとめるとよい

右前身頃（裏）

裏に返して、前身頃の縫い代を衽につけるために待ち針を打ちます。仮とじの糸よりも2cm先まで待ち針を打ちましょう。

12 縫い代をくける

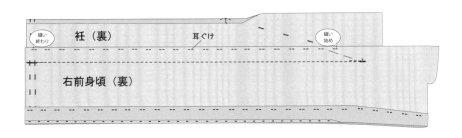

縫い終わり

衽（裏）

耳ぐけ

縫い始め

右前身頃（裏）

仮とじの糸の先から裾まで耳ぐけをします。

右衽が身頃につきました。

13 反対側も同様に行う

反対側も同様に行います。左右の衽が身頃につきました。

裾の始末

今ココ！

1 裾を三つ折りにする

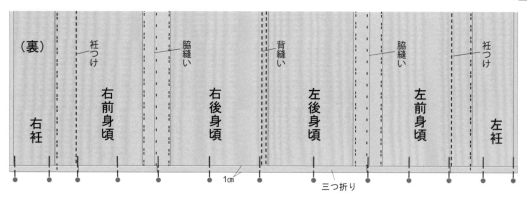

（裏）　衽つけ　右衽　右前身頃　脇縫い　右後身頃　背縫い　左後身頃　脇縫い　左前身頃　衽つけ　左衽

1㎝　三つ折り

裾をくけるために三つ折りにし、待ち針を打ちます。

2 褄先（角）を額縁に折る（左側）

①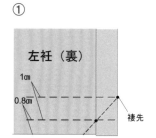

左衽（裏）
1㎝
0.8㎝
褄先

②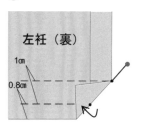

左衽（裏）
1㎝
0.8㎝

③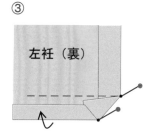

左衽（裏）

④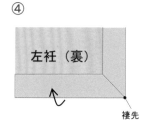

左衽（裏）
褄先

① 1で三つ折りにした縫い代をいったん開きます。褄先の斜めの破線部分を三角に折ります。

② 三角に折ったところです。褄先に待ち針を打っておくと布がずれません。

③ 0.8㎝のしるしのところで折り直します。折ったところも待ち針を打ちましょう。

④ さらに出来上がり線で折ります。反対側も額縁に折ります。

3 褄先の額縁を縫う（左側）

①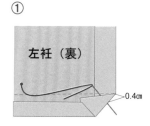

左衽（裏）
0.4㎝

②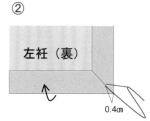

左衽（裏）
0.4㎝

③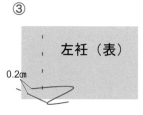

左衽（表）
0.2㎝

④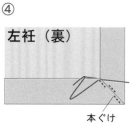

左衽（裏）
本ぐけ

① 三つ折りした縫い代をいったん開き、褄先から0.4㎝の位置に針を出します。

② 縫い代をもとに戻し、同じ位置に針を入れます。

③ 表側に出た針を0.2㎝褄先に向かって入れ、裏側に針を出します。

④ 裏側に出た針で、角まで0.2㎝の針目で本ぐけ（P41参照）をし、最後は角に針を出します。

4 裾をくける

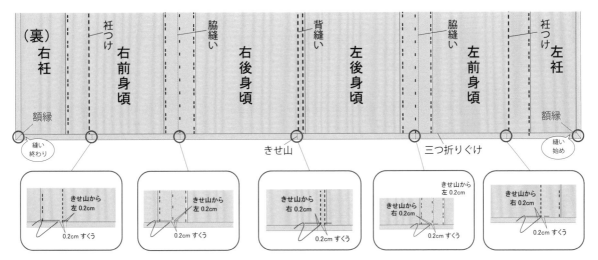

額縁を縫い終えたら、そのまま続けて裾を三つ折りぐけします。最初に1針返しぐけをしてから、三つ折りぐけを行います。上の図の衽つけ、脇縫い、背縫いの縫い目では返しぐけをします。針の位置は上の拡大図を、針の動かし方は下のAdviceを参照してください。

これは縫い目のきせを押さえるためです。最後に右の褄先の額縁を縫い、裾の始末は終わりです。

表から見た図

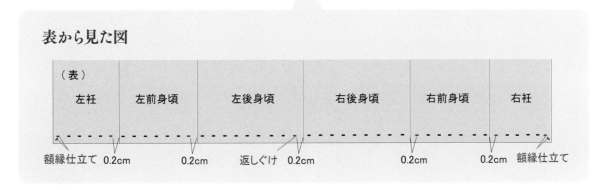

 Advice

返しぐけの針の動かし方

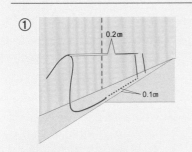

縫い目の位置で折山から0.1cm内側に針を出します。身頃の向きを変え、針を真下の身頃に、右から左へ0.2cmすくいます。

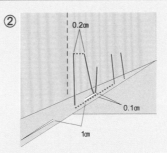

再び身頃の向きを変え、①の真上の縫い代の折山から0.1cm内側に戻り、折山の中に針を1cm入れます。

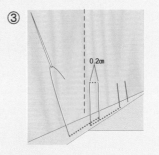

針を出したら、三つ折りぐけを続けます。

本衿をつける

今ココ！

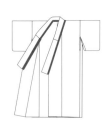

1 力布を衿肩あきにつける

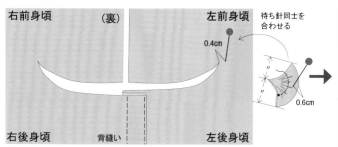

右前身頃　（裏）　左前身頃

待ち針同士を合わせる

0.4cm

0.6cm

右後身頃　背縫い　左後身頃

右前身頃　（裏）　左前身頃

縫い始め

縫い終わり

0.6cm

0.6cmの位置より内側を縫う

右後身頃　背縫い　左後身頃

本衿をつける前に、まずは衿肩まわりを補強するために力布をつけます（つくり方は P83 参照）。

身頃の裏側の衿肩あきから0.4cm、力布の「わ」の中心から0.6cmの位置にそれぞれ待ち針を打ちます。

0.4cmの待ち針の位置に、力布の待ち針を合わせます。力布の0.6cmの位置より内側をしつけ糸で縫いつけます。

1針目は返し縫いをします。反対側は向い合うように縫いつけます。

2 本衿と身頃を待ち針でとめる

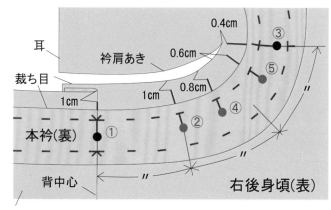

耳

衿肩あき　0.6cm　0.4cm　③

⑤

裁ち目

1cm　1cm　0.8cm　②　④

本衿（裏）　①

背中心

左後身頃（表）　右後身頃（表）

本衿と身頃を中表で合わせ、まずは右側から待ち針を打ちます。

待ち針は 14 〜 17 本使います。1 〜 9 本目の背中心から衽下がりまでは身頃にしるしがありません。自分で寸法をはかり、つり合いよく本衿を身頃にとめましょう。

【待ち針1〜5本目まで】

① 本衿の山じるしに打ち、身頃の背中心の縫い代1cmの位置と合わせます。

② 本衿の衿肩まわり3分の1で打ち、身頃は縫い代1cmの位置で合わせます。

③ 本衿の衿肩まわりのT字に打ち、身頃は衿肩あきの縫い代 0.4cmの位置で合わせます。

④⑤ ②と③の間を3等分した位置に打ちます。身頃は④が縫い代 0.8cm、⑤が縫い代 0.6cmの位置で打ちますが、ゆるみが出るので、3等分して待ち針④と⑤を打ちます。

Advice

肩当て・居敷当て

浴衣は本来、衿肩あき部分に「肩当て」、背縫い部分に「居敷当て」という、補強や透け防止のための布をつけます。

本書では、初心者向けに簡略化した「力布」のつけ方を紹介しています。

省略せずにつけたい人は P146 に載っているので参考にしてください。

黒い待ち針は身頃と本衿のしるし（T字や十文字）を合わせる要のところだよ

つり合いが悪い場合は身頃を基準に本衿のしるしの位置をずらしたるみやつれがないようにしてね

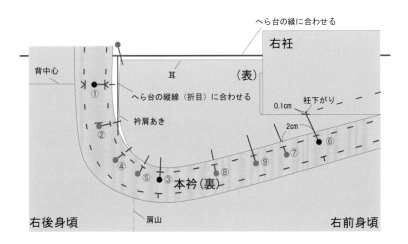

背中心
耳　（表）
右衽
へら台の縁に合わせる
へら台の縦線（折目）に合わせる
衿肩あき
0.1cm
衽下がり
2cm
本衿（裏）
肩山
右後身頃
右前身頃

【待ち針6〜9本目まで】

待ち針が5本目まで打てたら、身頃がまっすぐになるように、へら台の縁に前身頃の耳を合わせ、待ち針で固定します。整えたら衽に本衿を重ねます。

⑥ 身頃の衽下がりのきせ山から0.1cmの位置に打ち、本衿のT字と合わせます。

⑦ ⑥より2cm肩山側の位置で衽の縫い代をすくわないように打ちます。

⑧⑨ ③と⑦の間につり合いよく打ちます。

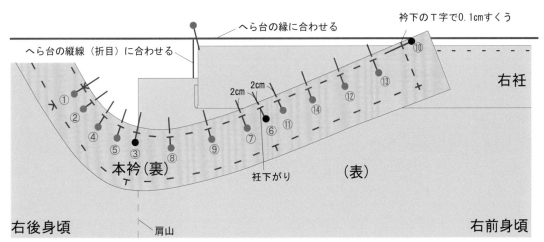

へら台の縦線（折目）に合わせる
へら台の縁に合わせる
衿下のT字で0.1cmすくう
右衽
本衿（裏）
2cm　2cm
2cm
衽下がり　（表）
右後身頃
肩山
右前身頃

【待ち針10〜14本目まで】

9本目まで打てたら、衽がまっすぐになるように、へら台の縁に衽の角と裁ち目を合わせて、待ち針で固定します。衽の衿下のT字に待ち針を打ちます。

⑩ 衿先の十文字に待ち針を打ちます。衿下のT字で縫い代0.1cmをすくい、十文字に合わせます。なお、縫い代が少ないので、待ち針は横向きに打ちましょう。

⑪ ⑥より2cm衿先側の位置で衿つけのしるしと合わせて打ちます。

⑫以降は、つり合いよく衽の衿つけのしるしと本衿のしるしを合わせて打ちます。待ち針は適宜足しましょう。

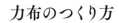

力布のつくり方

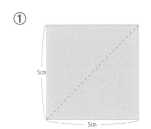

①

5cm
5cm

5cm×5cmの布を2枚用意します。布は共布（余り布）や新モスを使いましょう。

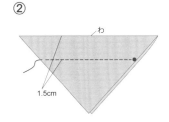

②

わ
1.5cm

1枚を対角線上に折り、「わ」から1.5cmの位置を並縫いして糸を3cm残します。

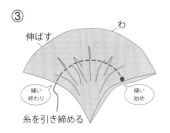

③

伸ばす
わ
縫い終わり
縫い始め
糸を引き締める

糸を引き締め、「わ」の部分を伸ばします。同様にもう1枚つくります。

3 本衿と身頃を縫い合わせる

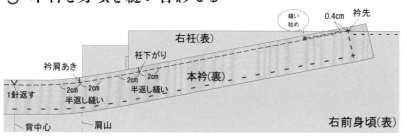

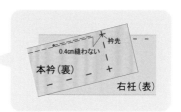

しるし通りに並縫いをしますが、衿先から0.4cmは縫いません（右拡大図参照）。これは次に衿先とめをするためです。

縫い始めと縫い終わりは2～3cmの返し縫い、衽下がり、衿肩まわりの前後2cmは半返し縫い（P40参照）をします。

背中心まで縫ったら糸こきをし、1針返していったん針を休め、反対側に2と同様に待ち針を打ちます。待ち針が打てたら、休めていた針で背中心から上前の衿先まで縫っていきます。

4 きせをかける

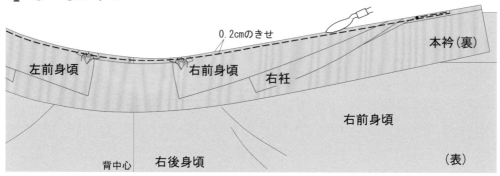

衿つけの縫い目にこてを当てます。次に下前の衿先から上前の衿先まで、0.2cmのきせを、本衿側にかけます。

5 本衿と三つ衿芯に待ち針を打つ

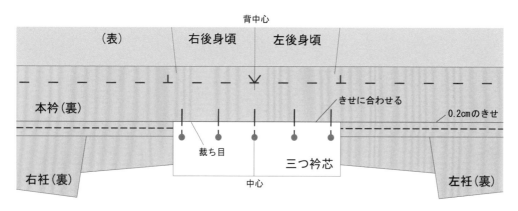

三つ衿芯をつけます。本衿と身頃を中表にし、図のように平らに広げます。

三つ衿芯は裁ち目側を縫いつけ側に使用します。三つ衿芯の中心と背中心を重ねます。

このとき、本衿のきせ山に三つ衿芯の裁ち目の端をぴたりと合わせ、待ち針を打ちます。

6 本衿に三つ衿芯を縫いつける

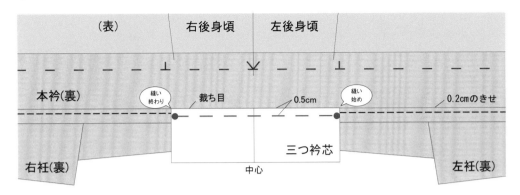

裁ち目から0.5cmのところを1cmの針目で縫いつけます。

7 身頃と衽の縫い代に待ち針を打つ

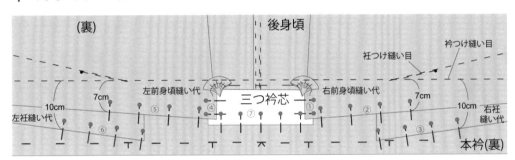

身頃を裏側にし、本衿を伸ばした状態にします。本衿の上に三つ衿芯、衽、身頃を重ねます。次の順序で待ち針を打ちます。
① 右前身頃の縫い代と三つ衿芯のみ待ち針を打ちます。本衿はすくいません。
② 本衿と右前身頃の縫い代に待ち針を打ちます。衿つけの縫い目から前身頃の耳の間が7cmになるところまで、

待ち針を打ちます。
③ 本衿と右衽の縫い代に待ち針を打ちます。衿つけの縫い目から衽の縫い代の裁ち目の間が10cmになるところまで、待ち針を打ちます。
④～⑥ 左身頃は、右身頃と同様に待ち針を打ちます。
⑦ 本衿と三つ衿芯に待ち針を打ちますが、ここは縫う直前に打ちましょう。

8 身頃と衽の縫い代を本衿に縫いつける

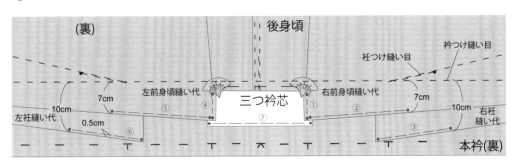

待ち針を打ち終えたら、①～③までを縫いつけます。
① 1.5cmの針目で縫います。
②③ 縫い代の端から0.5cm内側を表側が0.2cm、裏側が2～3cmの針目で縫いつけます。

④～⑥ 左身頃は、右身頃と同様に縫いつけます。
⑦ 本衿と三つ衿芯を縫いつけます。縫うときは糸を引っ張りすぎないように注意しましょう。また本衿がたるんでいないかを確認します。

9 本衿をしるし通りに衿幅で折る

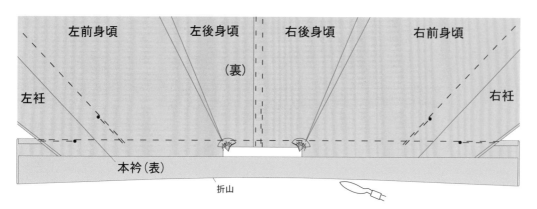

本衿をしるし通りに衿幅で折り、こてを当てます。
衽や身頃の縫い代も一緒に折り込みます。

10 本衿を出来上がり幅に折る

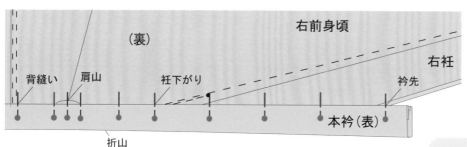

本衿を出来上がり幅に折り、待ち針を打ちます。衿つけの
縫い目が見えなくなるように、0.1cm重ねて待ち針を打ちます
（右拡大図参照）。
　本衿の中心から左右の衿先へと作業を行います。

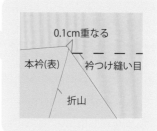

11 衿先どめの準備をする

①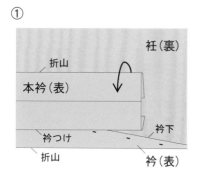

衿先どめの準備をします。まずは衿
先の待ち針を5〜6本外し、本衿
を開きます。

②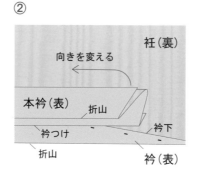

反対（谷折り）になるように折り直し
ます。

③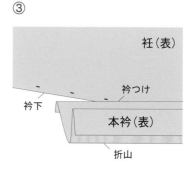

とめがしやすいように布の向きを変
え、本衿（表）が自分と向き合うよう
にします。

12 衿先どめをする

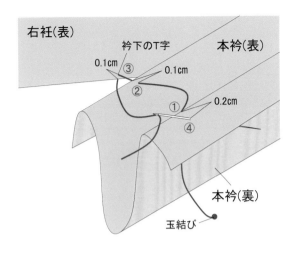

衿先を次の順序で縫います。

① 本衿（裏）の衿先の十文字から針を入れ、きせ山に出します。

② 本衿（表）のきせ山から0.1cmの位置に針を入れます。

③ 衽の衿下のＴ字（糸じるし）で、折山から0.1cmの位置に針を入れます。

④ 本衿（裏）の①から0.2cm横で針を裏側に入れ、糸を引きます。最後に二重結び（P37参照）をします。糸は次の工程でも使うので、そのまま切らないでおきましょう。

13 衿先の縫い代の始末をする

①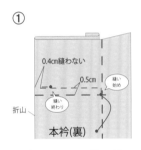

衿先のしるしに待ち針を打ち、とめの糸で、衿先どめから0.5cm縫い代側を縫います。折山から0.4cmは縫わず、1針返します。

②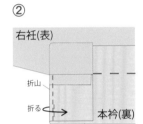

衿先の縫い代をとめの位置で本衿（裏）側に折ります。

③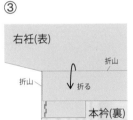

衿幅をしるし通りに本衿（裏）側に折ります。

④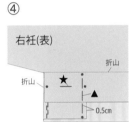

②と③の縫い代をそれぞれ縫いつけます。（★）は大きな針目で縫い代同士を縫います。（▲）は縫い代と本衿を縫います。端から0.5cmの位置を、本衿（表）に0.2cmの針目、裏は1.5cmの針目が出るようにします。

14 本衿と身頃をくける

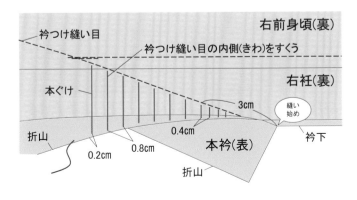

衿先を表に返し、角を針先で直角に整えます。

11で外した待ち針を、本衿と身頃に打ち直し、縫い代を本ぐけします（P41参照）。衿から3cmは、本衿の折山から0.2cm内側と、身頃は衿つけ縫い目の内側を、0.4cmの針目ですくいます。3cm以降は0.8cmの針目ですくいます。

下前の衿先から始めて背中心までくけたら、いったん針を休めます。11〜13と同様に衿先の始末をし、休めていた針で反対側の衿先まで本ぐけをします。縫い始めと縫い終わりは返しぐけをします。

最後は玉どめを衿の中に引き込んでから、糸を切ります。

袖をつける
（左袖・縫い代が 2.5cm 以上の場合）

1 袖幅に折る

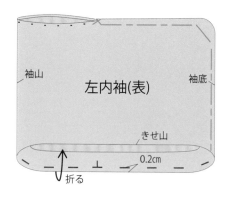

左右それぞれの袖を袖幅に折ります。袖つけ側の縫い代を袖幅のしるしより 0.2cm 内側で裏側に、こてを当てながら折ります。

　折った縫い代の幅が 2.5cm 未満の場合、7 の縫い代の始末は P89 の囲み参照。

2 袖と身頃を並べ、待ち針を打つ

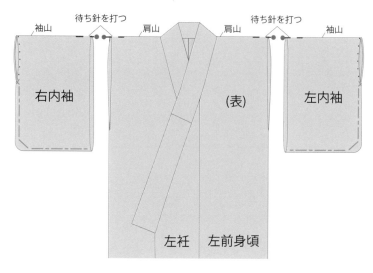

袖と身頃を出来上がりの状態に並べ、しつけが正しくできているか、袖底の縫い代が内側に倒れているかを確認にします。身頃の肩山と袖山に待ち針を打ちます。

3 袖を身頃の中に入れ、中表にする

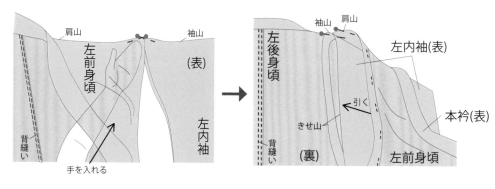

左の図のように身頃の中に手を入れ、肩山と袖山をつかみます。身頃を裏返しながら袖を引き出すと、袖と身頃が中表になります。

4 待ち針を打つ

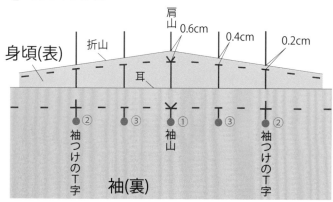

袖と身頃に待ち針を打ちます。袖の縫い代は開き、袖の裏側を見ながら次の順序で打ちます。

① 袖山と肩山の山じるしを合わせて待ち針を打ちます。

② 袖つけ 23cm の T 字と身頃の袖つけの T 字を合わせて打ちます。

③ ①と②の間で袖はしるし通り、身頃は折山から 0.4cm のしるしで待ち針を打ちます。

反対側の袖と身頃にも同様に待ち針を打ちます。

5 袖つけを縫う

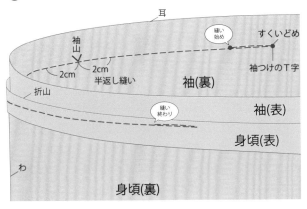

袖つけのT字から反対側の袖つけのT字までを縫い合わせます。

　縫い始めは2〜3cmの返し縫いをして、すくいどめをします。袖山2cm前後は半返し縫い、袖つけのT字ですくいどめをして、縫い終わりも2〜3cmの返し縫いをし、玉どめをします。

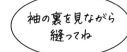

袖の裏を見ながら縫ってね

袖側に向かって0.2cmのきせをかけます。いったん表に返して確認します。身頃の上に袖が載っていれば、きせは正しくかけられています。

6 きせをかける

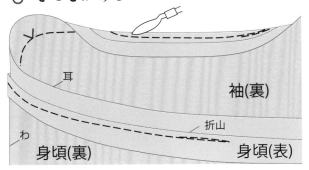

7 縫い代の始末をする

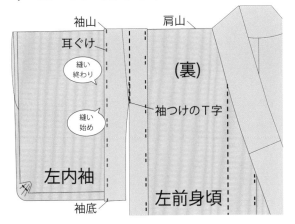

袖を裏返し、袖の縫い代を待ち針で打ち、耳ぐけをします。このとき、袖つけのT字、袖底、反対側の袖つけのT字、袖山に待ち針を打ち、この位置では必ず表側に針目が出るようにしましょう。

　袖つけのT字から縫い始め、袖底、袖山をくけて、袖つけのT字で縫い終わります。

縫い代の始末
（縫い代が2.5cm未満の場合）

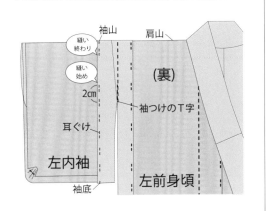

待ち針は7と同様に打ちます。袖つけのT字の2cm上から縫い始め、袖底をくけて、反対側の袖つけのT字の2cm上で玉どめをします。

　さらに袖山を中心に両側に1針ずつ、合計3針続けて縫いましょう。

8 反対側も同様に行う

これで両袖が身頃につきました。

共衿をつける

1 共衿をしるし通りに折る

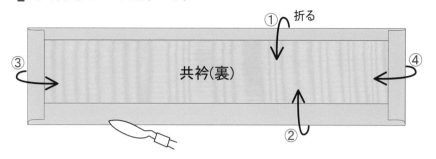

共衿を①～④の順に折ります。こてを当てて折目をつけます。

①の縫い代を本衿につけます。

2 共衿を本衿に待ち針でとめる

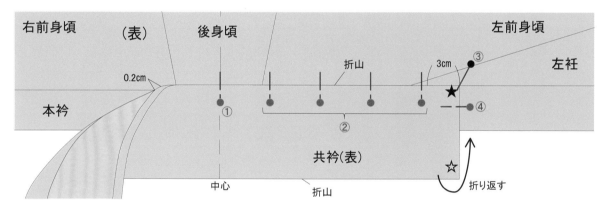

次の順序で待ち針を打ちます。

① 共衿（表）の中心と本衿の中心（背中心）に待ち針を打ちます。このとき、共衿を本衿より0.2cm外側に出し、共衿先まで待ち針を打ちます。

② 適宜つり合いよく待ち針を打ちます。

③ 共衿先より内側3cmの間は、共衿と本衿を毛抜き合わせにします。共衿を本衿の裏側に折り返します。表側の共衿の角（★）と、裏側に折り返した共衿の角（☆）が同じ位置になるように、目じるしとして待ち針（黒）を打ちます。

④ 共衿先にも待ち針を打ちます。

3 共衿先にしつけをかける

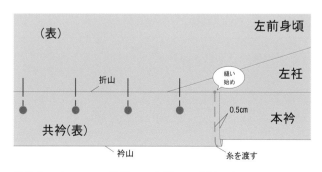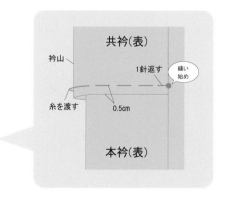

共衿先から0.5cmの位置を、表側から裏側に向かってしつけをかけます。

　縫い代が多いので、表側は共衿と本衿（表）のみを針ですくい、裏側も共衿と本衿（表）のみをすくいます。

　衿山に針を貫通させず、表側から裏側に糸を渡します。縫い始めと縫い終りは1針返します（右上拡大図参照）。

4 共衿を裏返す

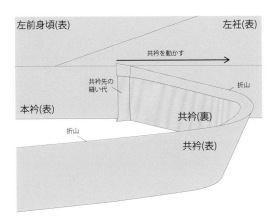

共衿先から衿肩まわりまで待ち針を外し、共衿を矢印の
方向に動かし、裏側を出します。

5 共衿先の始末をする

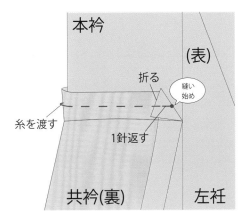

共衿の向きを変えます。共衿先の縫い代の両端を三角
に折り、待ち針でとめます。共衿先の縫い代を本衿に
縫いつけます。衿山部分は縫わず、表側から裏側に糸
を渡し、裏側も同様に縫います。縫い始めと縫い終わり
で1針返します。

6 共衿先どめをする

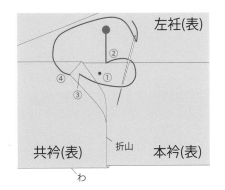

裏返した共衿をもとに戻し、4で外
した待ち針を打ち直し、共衿先どめ
をします。

　共衿の角をめくり、共衿先の角と
本衿が重なる位置に待ち針を打ち、
ここを②とします。

　①は②の0.2cm内側で、その位
置から針を入れ、②に針を出しま
す。

　③は④の0.2cm内側で、その位
置に針を入れ、共衿の角④に針を
出します。

　針を引くと、糸の輪ができます。
輪に針を通すと結び目ができ、共
衿が本衿に固定されます。続けて
共衿をけるので糸はそのままにして
おきます。

7 共衿と本衿をくける

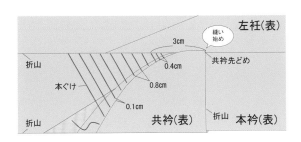

共衿先どめの糸で、本衿と共衿を本ぐけをします。

　共衿先から3cmは、本衿の折山と共衿の折山を0.4cm
の針目でくけます。

　3cm以降は、本衿は折山、共衿は折山から0.1cm内側
を0.8cmの針目でくけます。

　衿肩まわりは0.4cmの針目でくけます。

　背中心でいったん針を休め、反対側の共衿先の始末
と共衿先どめをし、共衿と本衿を本ぐけをします。

8 裏側もくける

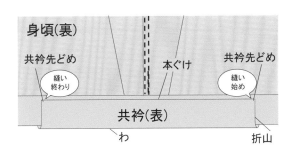

裏側も表側と同様に行います。共衿を本衿に待ち針でとめ、
共衿先どめをします。

　その糸で続けて共衿と本衿を本ぐけします。

　共衿は折山から0.1cm内側でけ、同じ針目で下の本
衿をくけます。中心まできたら反対側も表側と同様に行いま
す。共衿がつけ終わりました。

仕上げ

すべて縫い終えたら、最後に糸じるしやしつけを取り、仕上げのアイロンをかけましょう。
アイロンをかけたら、きれいにたたんで湿気の少ない場所で保管します。

1 糸じるしやしつけを取る

共衿先のしつけや左右の袖の糸じるし、衽の仮とじなどを取りましょう。
袖のしつけは着る直前までつけておきます。

共衿先のしつけ

左袖の糸じるし

右袖の糸じるし

衿先の糸じるし

※わかりやすいように、しつけや糸じるしの箇所を色づけをしています。

2 アイロンをかける

当て布をして、ドライモードでアイロンをかけます。
　袖や衿、衽などの小さいパーツから身頃の大きいパーツの順でかけていきましょう。
　裏側にアイロンをかけるときは当て布をしません。

アイロンをかけたら完成！
浴衣のたたみ方はP94
保管方法はP144に
載っているよ

表

裏

3 袖のしつけは着る直前に取る

袖のしつけは浴衣を着る直前までつけておきます。着るときに忘れないように取りましょう。

和裁ミニ知識

和裁の単位

和裁でよく使う単位に「丈（じょう）」「反（たん）」「疋（匹）（ひき）」があります。
　「1丈」は約3.8mで子どもの着物を仕立てる反物に使用されます。「1反」は約12mで大人の着物を仕立てる長さです。「1疋」は2反分、約24mで着物と羽織をお対（おそろい）で仕立てる場合の長さです。
　また着尺（きじゃく）は大人用着物1枚分のことで1反のことを指し、3丈ものといい、振袖や留袖は4丈ものといいます。

出来上がり写真

前

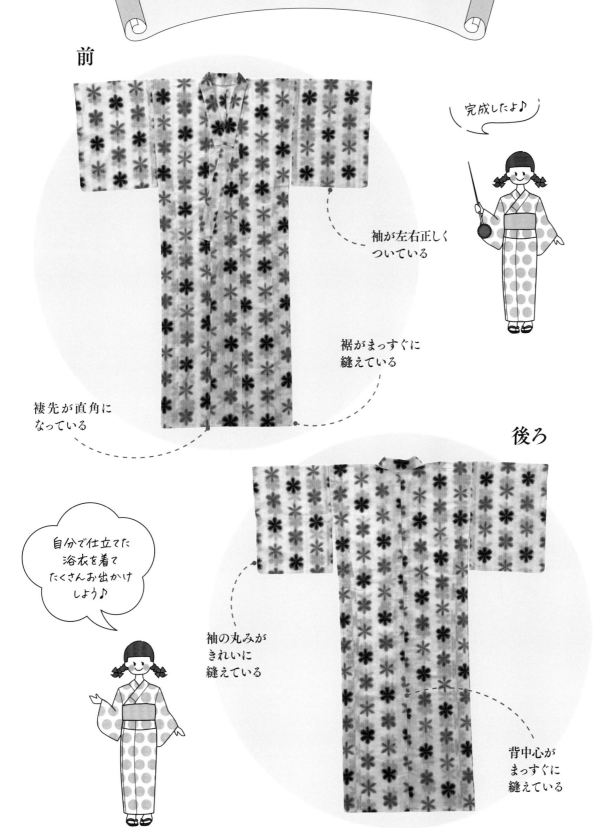

完成したよ♪

袖が左右正しく
ついている

裾がまっすぐに
縫えている

褄先が直角に
なっている

後ろ

自分で仕立てた
浴衣を着て
たくさんお出かけ
しよう♪

袖の丸みが
きれいに
縫えている

背中心が
まっすぐに
縫えている

浴衣のたたみ方

浴衣や着物の長着は男女とも「本だたみ」というたたみ方で仕舞います。
縫い目に沿って折るので、平らな形状になり、余計なたたみじわがつきにくい利点があります。

1

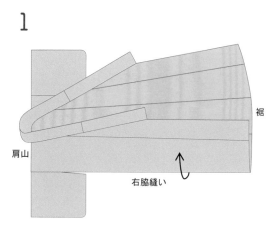

浴衣の向きは左側に肩山、右側に裾がくるように置きます。右の脇縫いで折りたたみます。

縫い目に沿って
丁寧にたたみましょう

2

衽の縫い目より裾側が1cm、衽先が2〜3cm前身頃側にずらして手前に折り返します。

3

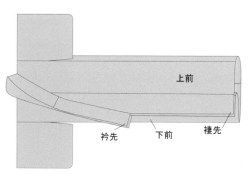

上前と下前の衿先と褄先をずれないように重ねます。

4

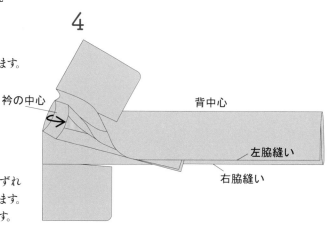

左の脇縫いを右の脇縫いにずれないように重ね、背中心で折ります。
衿の中心は内側に折り込みます。

5

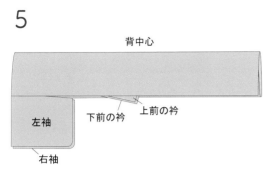

上前と下前の衿を重ね、左袖と右袖を重ね、背中心を整えます。

6

左袖を袖つけの位置で折り返し、後身頃の上に重ねます。

7

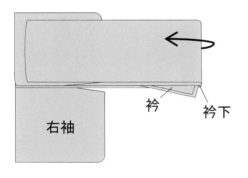

衿が折れないように、衿下の位置で身頃を折ります。

8

右袖を身頃の下に折る

右袖を袖つけの位置で、身頃の下に折ります。

半幅帯のたたみ方

帯のたたみ方に細かい決まりはありませんが、折りじわがつかないようにたたみましょう。

1

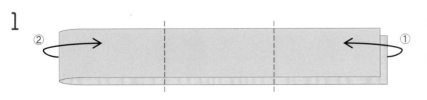

帯を半分に折り、さらに図のように裾側を折ってから、「わ」のほうを折ります。

2

この状態から、あとは収納スペースに合わせ、さらに折りたたむなどしましょう。

柄合わせ

P50〜では柄合わせの必要がない反物を取り上げましたが、浴衣の柄によっては着姿を美しく引き立てるために
その配置を考える必要があります。 ここでは代表的な柄合わせの方法を紹介します。

柄合わせとは

浴衣を着たとき、見映えのする位置に模様の配置を工夫することを「柄合わせ」と言います。

　着姿に大きく影響するのでとても大切な工程となります。反物の総丈をはかったあとに、柄合わせを行いましょう。

柄合わせの基本

浴衣の反物はおよそ1mごとに同じ柄のくり返しなので、その位置を確認し、最も目を引く、華やかな柄を探します。

　着たときに目を引くのは、1 後身頃の裾、2 右外袖、3 左内袖、4 上前衽ひざ付近、5 上前共衿です。

　ここに華やかな柄を配置しましょう。同じ柄が隣同士にならないように、互い違いに配置することも大切です。

柄合わせには
いろいろな方法があり
好みもあるので
ここでは一例を
紹介しているよ

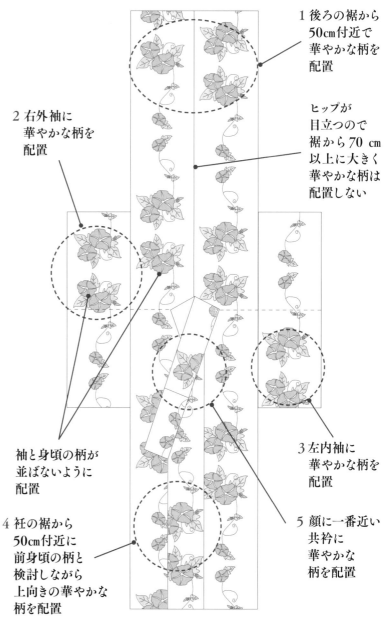

柄合わせのポイント

1 後ろの裾から
50cm付近で
華やかな柄を
配置

ヒップが
目立つので
裾から70 cm
以上に大きく
華やかな柄は
配置しない

2 右外袖に
華やかな柄を
配置

袖と身頃の柄が
並ばないように
配置

3 左内袖に
華やかな柄を
配置

4 衽の裾から
50cm付近に
前身頃の柄と
検討しながら
上向きの華やかな
柄を配置

5 顔に一番近い
共衿に
華やかな
柄を配置

飛び柄　代表的な柄のひとつで、柄が規則的ではなく、
飛び飛びに配置されたものを指します。

タイプ別・柄合わせのポイント

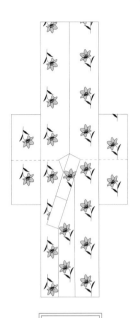

一方柄

柄が同じ向き、すなわち一方向きで
配置されているものは、上向きの柄で
あれば上前身頃、衽、左内袖、右
外袖に配置します。

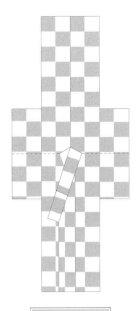

格子柄1

格子柄は2つの方法を紹介します。ひ
とつは、背縫いを中心に柄を互い違
いにすっきりと配置する方法。右の柄
合わせよりも簡単です。

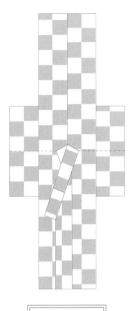

格子柄2

もうひとつは、背縫いを中心に柄を半
分ずつずらしてリズミカルに配置する
方法。格子柄がつながって見えるの
が特徴です。

斜めの柄

斜め縞は背縫いを中心になるようにず
らして配置します。袖つけ、衽つけで
も同様にずらします。

染め分け柄1

染め分け柄は2つの方法を紹介しま
す。ひとつは、背縫いを中心に反物
の左右の柄を交互に配置します。

染め分け柄2

もうひとつは、背縫いを中心に左右の
反物の柄が向き合うように配置します。
袖や衽も同じように並べます。

実践 飛び柄の柄合わせ

飛び柄を例にとって、実際に柄合わせをしてみましょう。
柄合わせは総丈をはかったあとに、後身頃→裁断→袖→衽→衿（本衿・共衿）の順序で行います。

後身頃の柄合わせ

1 後身頃2枚を並べる

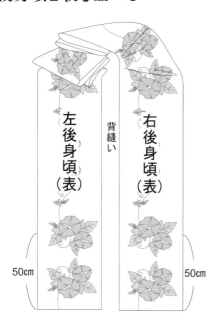

P55で計算した余り布を確認します。余り布は柄合わせの調整に使用します。反物の両端を表にして並べます。

2 華やかな柄を探す

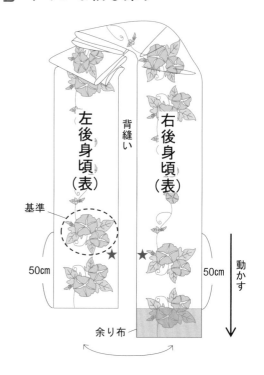

左右の反物で裾から50cm前後に、上向きで華やかな柄を探しましょう。

よい柄が見つからない場合は、反物の左右を入れ替えたり、手前に引いて動かしたりして柄を探します。

よい柄が決まったらその反物を基準にし、反対側の反物の柄とバランスよく配置します。

3 反物を中表に合わせる

柄の配置が決まったら、背縫い（背中心）側の布端（★）を中表になるように合わせ、へら台の手前にくるように反物を配置。

余り布を折り込み、待ち針を右端の角に打ちます。

裁断

1 裁断図に自分の寸法を記入する

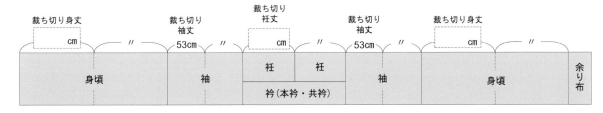

裁ち切り身丈		裁ち切り袖丈		裁ち切り衽丈			裁ち切り袖丈		裁ち切り身丈		
cm	〃	53cm	〃	cm	〃		53cm	〃	cm	〃	
身頃		袖		衽	衽		袖		身頃		余り布
				衿（本衿・共衿）							

後身頃の柄合わせを終えたら、P55で積もった寸法を
上の裁断図に記入しましょう。

2 反物を折りたたんで裁断し、糸じるしをつける

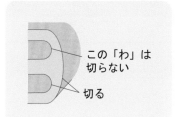

この「わ」は切らない
切る

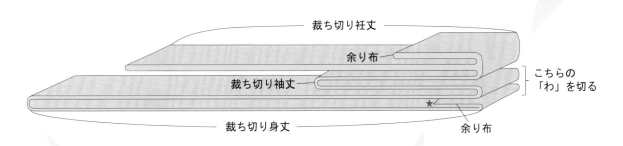

裁ち切り衽丈
余り布
裁ち切り袖丈
裁ち切り身丈
余り布
こちらの「わ」を切る

①肩山に糸じるし

後身頃（裏）
内側の布にもつける

②背縫いに糸じるし

10cm程度の並縫い

P58と同じ要領で反物をたたみますが、すでに前ページの後身頃の柄合わせで、へら台に後身頃2枚が中表の状態で置いてあります。

1の裁断図を見ながら各パーツの寸法をはかり、折りたたみます。たたみ終えたら再度寸法を確認し、右側の「わ」を裁断しますが、一番上の「わ」は裁断しません（※）。

左側も裁断しないように注意しましょう。

裁断を終えたら糸じるしをします。①肩山に糸じるしを4ヵ所、②背縫い部分に10cm程度の並縫いをします。

※衽から続く余り布は、裁ち切り衽丈をはかって余りが出たら、あとで柄合わせに使うため、ここでは裁断しません（拡大図参照）。

袖の柄合わせ

1 右袖、左袖の順に柄合わせをする

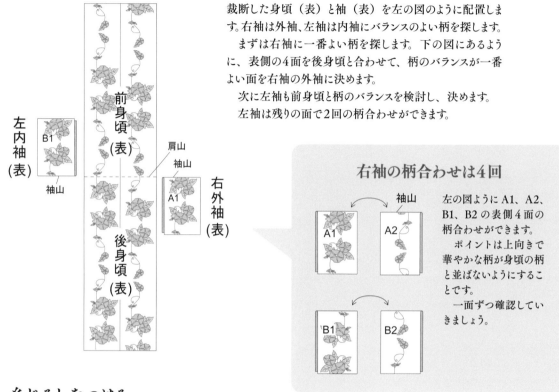

裁断した身頃（表）と袖（表）を左の図のように配置します。右袖は外袖、左袖は内袖にバランスのよい柄を探します。

まずは右袖に一番よい柄を探します。下の図にあるように、表側の4面を後身頃と合わせて、柄のバランスが一番よい面を右袖の外袖に決めます。

次に左袖も前身頃と柄のバランスを検討し、決めます。

左袖は残りの面で2回の柄合わせができます。

右袖の柄合わせは4回

左の図ように A1、A2、B1、B2 の表側4面の柄合わせができます。

ポイントは上向きで華やかな柄が身頃の柄と並ばないようにすることです。

一面ずつ確認していきましょう。

2 糸じるしをつける

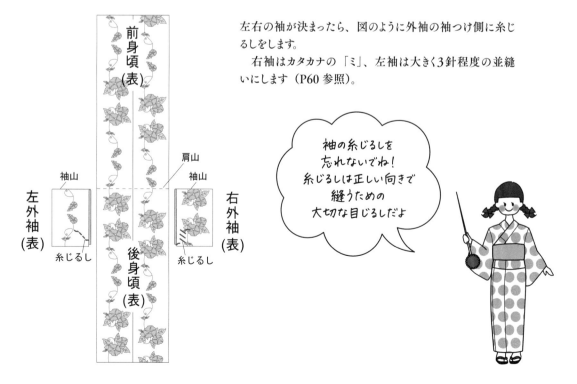

左右の袖が決まったら、図のように外袖の袖つけ側に糸じるしをします。

右袖はカタカナの「ミ」、左袖は大きく3針程度の並縫いにします（P60 参照）。

袖の糸じるしを忘れないでね！糸じるしは正しい向きで縫うための大切な目じるしだよ

衽の柄合わせ

1 衽と前身頃を並べる

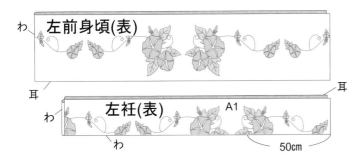

まず、衽を外表にして半分の長さに折ったあと、反物幅を半分に折り、2分の1の長さと幅にします。

次に図のように衽と身頃を置きます。

衽の裾から50cm程度（ひざの位置）で身頃と柄のバランスを検討します。

2 柄合わせをし、糸じるしをつける

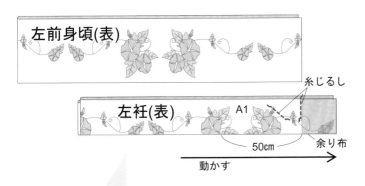

衽は合計4回の柄合わせができます（左下図参照）。余り布があれば衽の裾を動かして検討ができます。

柄の配置が決まったら、身頃の裾線と衽に糸じるしをつけます。

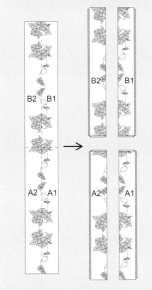

衽の柄合わせは4回

上の図のように A1、A2、B1、B2 の4面の柄合わせができます。

3 余り布を裁断する

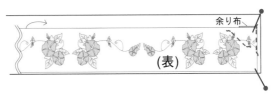

へら台の上に衽を表にして広げます。余り布を折り返し、待ち針を打ちます。

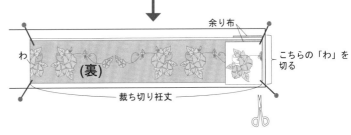

「裁ち切り衽丈」をはかり、布を折り返します。余り布は右側の「わ」で裁断します。

4 衽と衿に裁ち分ける

P58 と同様に裁ち分けます。

衿（本衿・共衿）の柄合わせ

1 右側か左側でよい柄を探す

衿を表に向け、裁ち目を上、耳を下にして置きます。右端15cmまたは左端80cmのところでよい柄を探します。

2 右端15cmによい柄がある場合

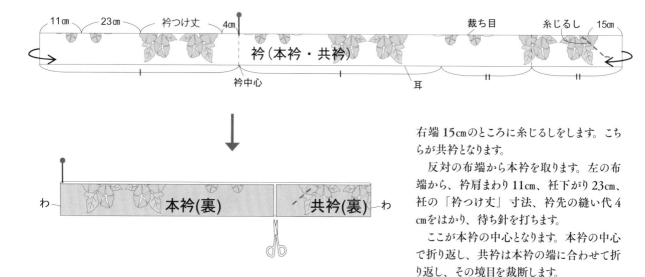

右端15cmのところに糸じるしをします。こちらが共衿となります。

　反対の布端から本衿を取ります。左の布端から、衿肩まわり11cm、衽下がり23cm、衽の「衿つけ丈」寸法、衿先の縫い代4cmをはかり、待ち針を打ちます。

　ここが本衿の中心となります。本衿の中心で折り返し、共衿は本衿の端に合わせて折り返し、その境目を裁断します。

3 左端80cmによい柄がある場合

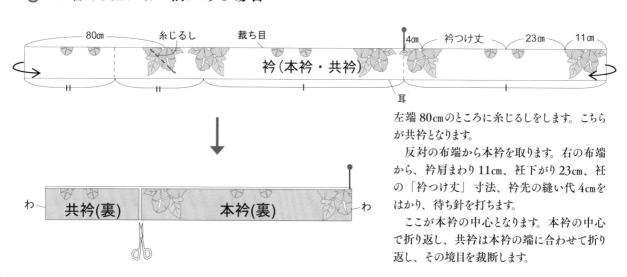

左端80cmのところに糸じるしをします。こちらが共衿となります。

　反対の布端から本衿を取ります。右の布端から、衿肩まわり11cm、衽下がり23cm、衽の「衿つけ丈」寸法、衿先の縫い代4cmをはかり、待ち針を打ちます。

　ここが本衿の中心となります。本衿の中心で折り返し、共衿は本衿の端に合わせて折り返し、その境目を裁断します。

第 **4** 章

単衣・肌着・半幅帯
などの仕立て方

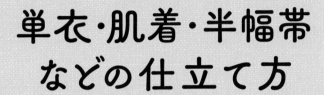

- ・単衣（反物）の仕立て方
- ・洋服生地での仕立て方
- ・肌襦袢とペチコートの仕立て方
- ・半幅帯の仕立て方

浴衣の縫い方を
応用すれば
いろんなアイテムを
つくることができるよ

単衣(反物)の仕立て方

単衣とは裏地のない着物の呼び方です。浴衣とは、くりこし、衿、縫い代の始末の仕方が違います。
それ以外は浴衣と同じ工程でつくることができます。

単衣(反物)づくりの流れ

STEP1 採寸 →第3章 P52と同じ

STEP2 総用布量の計算(積もる) →第3章 P55と同じ

STEP3 総丈をはかる →第3章 P56と同じ

STEP4 裁断 →第3章 P58と同じ

STEP5 Newしるしつけ → P105

STEP6 New縫う → P108

STEP7 仕上げ →第3章 P92と同じ

※ Newが第3章の浴衣の工程と違うところです。

用意する材料

反物 —— 木綿の反物1反(約12m・並幅)
裏衿 —— 新モス
　　　　(幅15cm×長さ約200cm・1枚)
力布 —— 共布または新モス(5cm×5cm・2枚)
三つ衿芯 —— 共布またはさらし
　　　　(幅15cm×長さ25cm・1枚)
縫い糸 —— 木綿
　　　　(反物に近い色・30番・細口)
しつけ糸 —— 木綿(白・40番)
衿糸 —— 絹穴糸(白・16号・太口)
袖の丸み型 —— 本書添付の型紙または市販品
厚紙 —— 10cm×40cm

仕立て方のポイント

浴衣とほぼ同じですが、くりこし、衿、縫い代の始末が異なります。

くりこしは「縫いくりこし」を用います。浴衣の「裁ちくりこし」と違い、くりこし分をつまんで縫うので、仕立て直しのときなど、前・後ろの身頃を入れ替えることもできるので、覚えておくとよいでしょう。

衿は体形や好みで衿幅を調節して着ることができる「広衿仕立て(ひろえりじたて)」にしています。

縫い代の始末は、浴衣では三つ折りぐけと耳ぐけでしたが、単衣では三つ折りぐけと、布端を折ってくける折りぐけで始末をします。

単衣(反物)データ

衿 —— 広衿	くりこし —— 縫いくりこし
袖の形 —— たもと袖	柄合わせ —— なし
袖の丸み —— 2cm	

出来上がり図

前

広衿仕立て
右袖(内袖)
左袖(内袖)
共衿
本衿
裏衿
左衿
左前身頃

後ろ

左袖(外袖)
右袖(外袖)
くりこし
左後身頃
右後身頃

※ピンクの線が浴衣とは違う箇所です。

STEP5

しるしつけ

STEP1の採寸からSTEP4の裁断までは第3章の浴衣と同じ工程で行います。
しるしつけは、後身頃と衿が浴衣とは異なります。

 袖 →第3章 P60〜61と同じ

後身頃A （肩幅と後幅の差が2.5cm未満の場合※）

1 糸じるしをつける
2 布をへら台に固定する }→第3章 P62と同じ

3 しるしをつける

> 浴衣と同じで
> しるしはへらで
> つけるよ

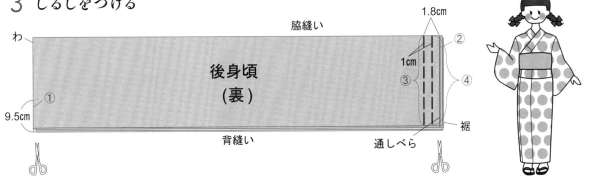

次の順序でへらでしるしをつけます。
① 衿肩あきに9.5cmの切り込みを入れます。浴衣とは違い、まっすぐに切るだけです。
② 裾の長さをそろえます。裾4枚の布の一番短い裁ち目に合わせ、通しべら（P44参照）でしるしをつけ、縫い代を裁ちそろえます。
③ 裾から縫い代1.8cmでしるしをつけます。
④ ③のしるしから布の裾に向かって、縫い代1cmでしるしをつけます（以上第3章 P62の3参照）。

4 くりこし分をずらす

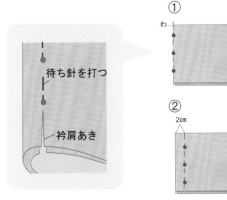

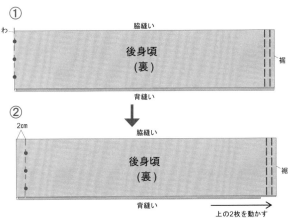

「わ」に待ち針を打ちます（左拡大図参照）。

待ち針を打ったら、後身頃の上の2枚をくりこし分2cmだけ裾に向かって動かします。

※ P53の出来上がり寸法の肩幅から後幅を引いた寸法。差が2.5cm以上はP106参照。

5 残りのしるしをつける

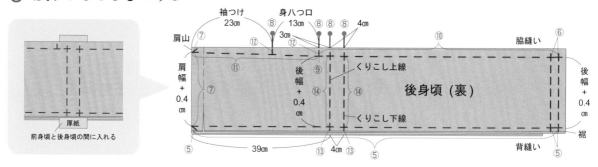

厚紙
前身頃と後身頃の間に入れる

袖つけ 23cm　身八つ口 13cm　③ 3cm　4cm
肩山　⑦　⑫　⑧ ⑧ ⑧　⑩　脇縫い　⑥
肩幅 + 0.4cm　⑪　⑦　くりこし上線　後身頃（裏）　後幅 + 0.4 cm
後幅 + 0.4 cm　⑨　⑭　⑭　くりこし下線
⑤　39cm　⑬ 4cm ⑬　⑤　裾　背縫い　⑤

⑤ 手前から縫い代1cmでしるしをつけ、山じるしと裾の十文字をつけます。

⑥ ⑤から「後幅＋0.4cm」でしるしをつけ、裾の2本の線と交わるところに十文字をつけます。

⑦ ⑤から「肩幅＋0.4cm」でしるしをつけ、山じるしをつけます。

⑧ 肩山から袖つけ23cm、身八つ口13cm、くりこし上線3cm、くりこし下線4cmの位置で、布の耳に待ち針を打ちます。

⑨ 身八つ口の位置で、⑤から「後幅＋0.4cm」のしるしをつけます。

⑩ ⑨と⑥を結び、まっすぐに脇線のしるしをつけ、くりこし上下線で十文字をつけます。

⑪ ⑦と⑨を結び、斜めの線でしるしをつけます。

⑫ 袖つけ、身八つ口にT字をつけます。

⑬ 背縫い側の肩山からくりこし上線39cmに十文字、そこから4cm裾側のくりこし下線に十文字をつけます。

⑭ ⑩と⑬のくりこしの十文字を結び、縦にしるしをつけます。後身頃のみに必要なしるしなので、厚紙などを前身頃と後身頃の間に入れましょう（左上図参照）。

後身頃B （肩幅と後幅の差が2.5cm以上の場合）

1 糸じるしをつける ～ 4 くりこし分をずらす →後身頃Aと同じ
5 残りのしるしをつける

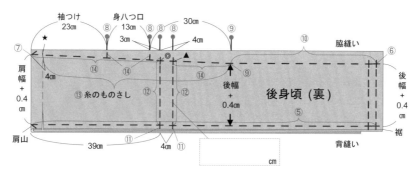

袖つけ 23cm　身八つ口 13cm　③ 3cm　30cm
★　⑧ ⑧ ⑧　4cm　⑨　⑩　脇縫い　⑥
肩山　⑦　4cm　⑭　⑭　◎　▲　⑭　⑨　後幅 + 0.4 cm　後身頃（裏）　後幅 + 0.4 cm
肩幅 + 0.4 cm　⑬ 糸のものさし　⑫　⑫　⑤
肩山　39cm　⑪　4cm ⑪　背縫い　裾
cm

①〜⑧までは上と同じ。

⑨ 身八つ口から30cm下がったところに待ち針を打ち、その位置で⑤から「後幅＋0.4cm」でしるしをつけます。

⑩ ⑥と⑨とを結び、まっすぐに脇線のしるしをつけます。

⑪ 背縫い側の肩山からくりこし上線39cmに十文字、そこから4cm裾側のくりこし下線に十文字のしるしをつけます。

⑫ ⑧と⑪のくりこしの十文字を結び、縦にしるしをつけます。後身頃Aと同様に、後身頃のみに必要なしるし

なので、厚紙などを前身頃と後身頃の間に入れましょう。

⑬ 肩山から4cm（★）と⑨を糸のものさし（P42参照）で結び、くりこし下線と交わるところに十文字をつけ、（▲）とします。（▲）と⑪の間の寸法をはかり、メモします。このメモの寸法をくりこし上線の⑪からはかり、十文字をつけて（◎）とします。

⑭ 肩山のしるし⑦とくりこし上線（◎）を結び、脇線をつけます。その脇線上に、袖つけと身八つ口のT字をつけ、（▲）と⑨を結びます。

前身頃 　衽　→第3章 P63 ～ 64 と同じ

衿（本衿・共衿）

1 糸じるしをつけ、本衿と共衿に裁ち分ける　→第3章 P65 と同じ

2 裏衿を準備し、布をへら台に固定する

裁ち目をへら台の奥側の縁に合わせる

裁ち目　本衿（裏）　　裁ち目
わ　　　　　　　共衿（裏）
耳　　裏衿　　　わ
耳

へら台の縦線（折目）に合わせる

単衣は本衿に裏衿をつけます。裏衿は新モスを使用します。

　裏衿を長さの半分で折り、へら台の上に置きます。裏衿の上に本衿を中表にして、図のように重ねて、待ち針を

打ちます。

　裁ち目側は4枚がそろうようにしましょう。共衿も待ち針を打ち、固定します。

3 しるしをつける

【本衿】

衿つけ丈寸法　　　　　衽参照　cm

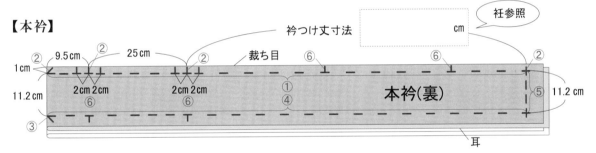

① 裁ち目から縫い代 1cmでしるしをつけます。
②「わ」（衿の中心）に山じるし、衿肩あき 9.5cmに T 字、「くりこし 2cm ＋ 衽下がり 23cm ＝ 25cm」に T 字をつけ、衽の「衿つけ丈」寸法（P64 ではかった寸法）で十文字をつけます。
③「わ」（衿の中心）で①のしるしから「衿幅 11cm ＋ 0.2cm ＝ 11.2cm」でしるしをつけ、山じるしもつけます。

④ 衽の「衿つけ丈」寸法の十文字から「衿幅 11cm ＋ 0.2cm ＝ 11.2cm」でしるしをつけ、③と結びます。②と同様に④の線上に T 字と十文字をつけます。
⑤ ②の十文字と④の十文字を縦に結びます。
⑥ 合いじるしとして 3 ～ 5cm間隔で T 字をつけます。衿肩あきとくりこし、衽下がりの上下 2cmは必ず T 字の合いじるしをつけます。

【共衿】

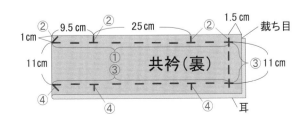

1.5 cm
裁ち目
9.5cm　　25cm
1cm
共衿（裏）　　11cm
11cm
耳

① 裁ち目から縫い代 1cmでしるしをつけます。
② 山じるし、衿肩あき 9.5cmで T 字、「くりこし 2cm ＋ 衽下がり 23cm ＝25cm」で T 字をつけ、布の右端から縫い代 1.5cmでしるしをつけ、①と交わる位置に十文字をつけます。
③「わ」（衿の中心）で①のしるしから 11cmの共衿幅のしるしをつけ、②の十文字から共衿幅 11cmでしるしをつけてまっすぐに結びます。①と③の十文字を縦に結びます。
④ ③の線上に山じるし、衿肩あき 9.5cmで T 字、「くりこし 2cm ＋ 衽下がり 23cm ＝ 25cm」で T 字をつけます。

縫う

しるしつけが終わったら、縫い始めます。順序は浴衣とほぼ同じです。
縫い糸は1本取りです。必要な材料を準備してから始めましょう。

✿ 縫う順序と縫い方図

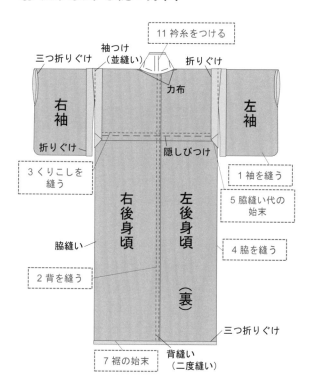

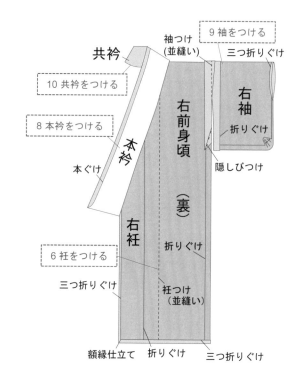

次の順序で縫っていきます。

　浴衣の縫い方と同じところが多いですが、脇と衽と袖の縫い代の始末が異なるので注意しましょう。

1 袖を縫う　　→第3章と同じ

2 背を縫う　　→第3章と同じ

3 New くりこしを縫う　→ P109

4 脇を縫う　　→第3章と同じ

5 New 脇縫い代の始末　→ P110

6 衽をつける　　→第3章と同じ
　　　　　　　（縫い代の始末のみ P111）

7 裾の始末　　→第3章と同じ

8 New 本衿をつける　→ P112

9 袖をつける　　→第3章と同じ
　　　　　　　（縫い代の始末のみ P114）

10 New 共衿をつける　→ P115

11 New 衿糸をつける　→ P116

12 仕上げ　　→第3章と同じ

※ New が浴衣の工程とは違うところです。

和裁ミニ知識

上質な生地や薄物には「背伏せ」を

「背伏せ」とは、単衣仕立ての材料が絹や麻など、木綿より高級な場合に上等な仕立てとして、背縫い部分を美しく、丈夫にするために布で補強することです。

　「背伏せ布」は市販品を用います。つけ方は、背を縫うときに背伏せ布も一緒に縫い、きせをかけたあと、背縫い代をくるんで1cmの間隔でくけます。

　本書では木綿の単衣仕立てを紹介しているので、背伏せはつけていません。

袖を縫う　　背を縫う　→第3章 P68〜71と同じ

くりこしを縫う

1 待ち針を打つ

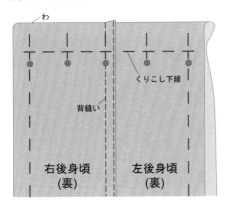

縫い代を半分に折り、くりこし上線と下線をしるし通りに待ち針を打ちます。

2 縫う

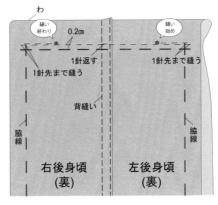

しるしより0.2cm上を縫い、脇線より1針先まで縫います。縫い始めと縫い終わりは2〜3cmの返し縫いをし、背縫いでは1針返し縫いをします。

3 きせをかける

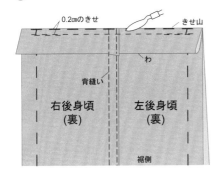

縫い終えたら、裾側に0.2cmのきせをかけます。

4 隠しびつけをする

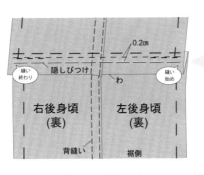

図のように後身頃を開きます。くりこしの縫い目より0.2cm裾側に隠しびつけをします。

表はきせ山から0.4cmのところに針目が出ます（右図参照）。

和裁ミニ知識

「くりこし」とは？

「くりこし」とは衣紋を抜きやすくするために、肩山より衿肩あきを少し後ろにずらすことを言います。

「裁ちくりこし」と「縫いくりこし」がありますが、第3章の浴衣の仕立て方では、はじめての人でもわかりやすいように簡易な型を用いた「裁ちくりこし」、本章の単衣の仕立て方では「縫いくりこし」を用いています。

「裁ちくりこし」は布が十分にない場合や柄合わせをするときにも用います。

脇を縫う

→第3章 P72〜73と同じ

脇縫い代の始末（右脇）

1 袖つけの縫い代を出す（肩山の始末） →第3章 P74 と同じ

2 きせをかける

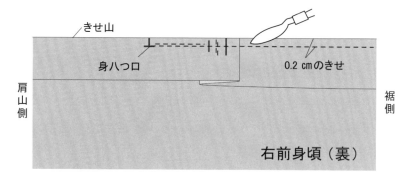

袖つけの縫い代が出せたら、脇の縫い代を前身頃側
に 0.2㎝のきせをかけます。

3 脇縫い代に待ち針を打つ

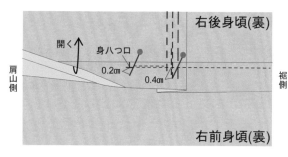

身八つ口で脇の縫い目から 0.2㎝の位置と、くりこしで
は脇の縫い目から1針先の 0.4㎝の位置で待ち針を打
ちます。

4 脇縫い代を開き、待ち針を打ち直す

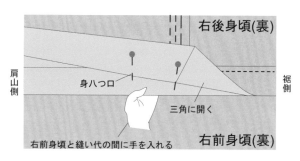

待ち針を打った位置で後身頃の縫い代を、前身頃に
重ねて開き、縫い代同士に待ち針を打ち直します。
　前身頃と縫い代の間に手を入れると作業がしやすい
でしょう。

5 隠しびつけをする

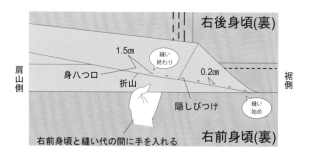

折山から 0.2㎝内側に入ったところを隠しびつけ（P42
参照）をします。

6 反対側も同様に行う

くりこしがあるから、
浴衣とは縫い代の
始末が違うよ

7 折りぐけをする

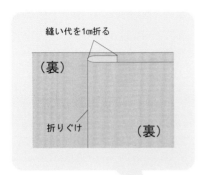

縫い代を1㎝折る

（裏）

折りぐけ

（裏）

折りぐけは
三つ折りぐけと
縫い方は同じ♪
縫い代の折り方が
違うだけだよ

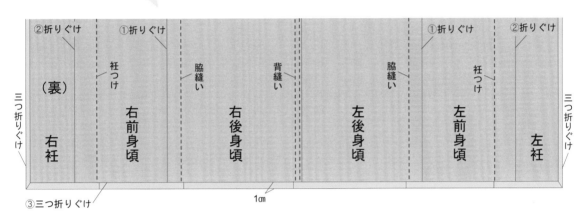

②折りぐけ　　　①折りぐけ　　　　　　　　　　　　　　　　　　①折りぐけ　②折りぐけ

衽つけ　　　脇縫い　　　　背縫い　　　　脇縫い　　　衽つけ

三つ折りぐけ　（裏）　右衽　右前身頃　右後身頃　左後身頃　左前身頃　左衽　三つ折りぐけ

③三つ折りぐけ　　　　　　1㎝

隠しびつけが終わったら、上の図の①の脇縫い代を折りぐけします。折りぐけとは、縫い代を折ってくけることです。くけ方は三つ折りぐけのくけ方と同じですが、上の拡大図のように縫い代を1㎝に折り、身頃と縫い代を待ち針で打ち、くけます。

脇縫い代の始末が終わりました。

衽をつける　→第3章 P77〜79と同じ
　　　　　　　　ただし、縫い代のくけ方のみ、耳ぐけから折りぐけに変更（上の図②折りぐけ参照）

裾の始末　→第3章 P80〜81と同じ

和裁ミニ知識

右前はいつから

　着物は「右前」、すなわち最初に右前身頃を体に沿わせ、その上に左前身頃を重ねるのが正しい着方です。

　これは奈良時代、養老3（719）年「襟を右にせしむ」と令（法律）が出されたことに遡ります。それまでは衿（えり）合わせの決まりはなくおおらかでしたが、当時の政治的背景が影響したようです。

　一方「左前」は亡くなった人の着物の着方で縁起が悪いとされています。諸説ありますが、あの世と日常が異なることを表すために衿合わせも逆さにしたようです。

本衿をつける

1　力布を衿肩あきにつける →第3章 P82 ～ 83 と同じ

2　本衿と身頃を待ち針でとめる

ただし、2は衿肩あきと衽下がりに待ち針を打ったあと、上下2cmのT字の
合いじるしにも待ち針を打つ（3の図参照）

3　本衿と身頃に裏衿を重ねて、待ち針を打ち直す

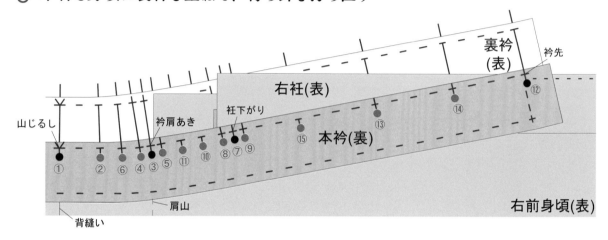

2の本衿と身頃を待ち針でとめたら、その奥側に裏衿（表）
が身頃と中表になるように合わせます。
　本衿と身頃をとめている待ち針と裏衿をしるし通りに合わ
せます。
　背縫い、衿肩あき、衽下がり、衿先は必ず合いじるしを
合わせましょう。

4　本衿と身頃と裏衿を縫い合わせる　→第3章 P84 の3参照

5　きせをかける

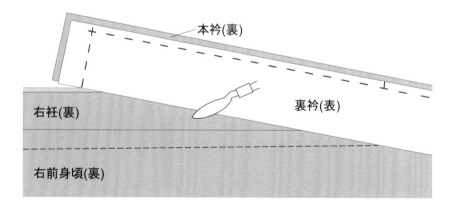

本衿側に0.2cmのきせをかけます
（第3章 P84 の4参照）。
　そのあとは図のように表に返し
て、裏衿はきせがかからないよう
に、こてやアイロンで整えます。

6　本衿と三つ衿芯に待ち針を打つ →第3章 P84 の5と P85 の6と同じ

7　本衿に三つ衿芯を縫いつける

8 衿先どめをする

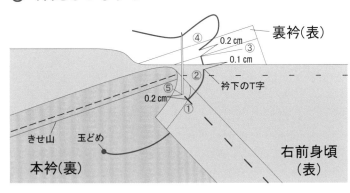

衿先を次の順序で縫います。
① 本衿（裏）からきせ山に針を出します。
② 衽の衿下のT字0.1cmの位置で針を入れます。
③ 裏衿の折山に針を出します。
④ 縫い代方向に0.2cm上がったところに針を入れます。
⑤ 衽はすくわず①のきわに戻り、最後は二重結び（P37参照）をします。糸は次の工程でも使うので、そのまま切らないでおきましょう。

9 衿先を縫う

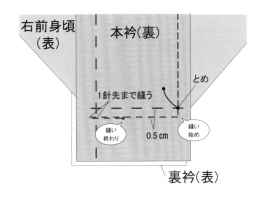

衿先の布を中表に合わせ、本衿の衿先のしるしに待ち針を打ちます。

8の糸をそのまま使用します。衿先どめより0.5cm縫い代側を、衿幅のしるしの1針先まで縫います。縫い終わりは2〜3針返し縫いをします。

10 縫い代の始末をする

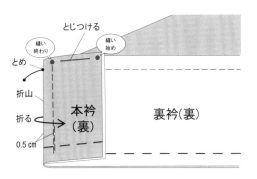

衿先の縫い代をとめの位置で裏衿側に折り、衿つけ側の縫い代に縫い糸で、2針程度の針目でとじつけます。

11 本衿を表に返す

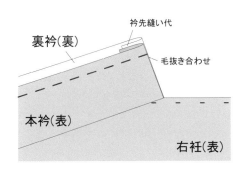

本衿を表に返し、衿先を毛抜き合わせに整えます。

12 本衿をしるし通りに折る

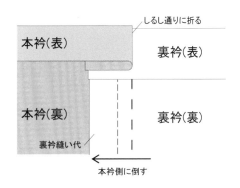

本衿と裏衿は衿幅のしるし通りに縫い代を裏側に折ります。ただし、裏衿は衿先から2〜3cmの間のみ折ります。

その際、衿先部分の縫い代は本衿も裏衿も本衿側に倒し、本衿の縫い代と一緒に折ります。

13 本衿に待ち針を打つ

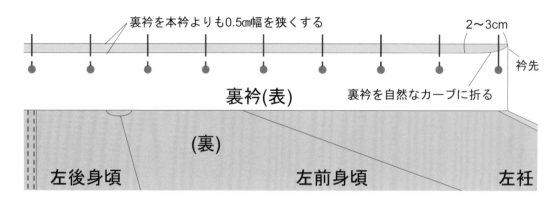

裏衿を本衿よりも0.5㎝幅を狭くする

2〜3cm

裏衿(表)

衿先

裏衿を自然なカーブに折る

(裏)

左後身頃　　　左前身頃　　　左衽

12で折った縫い代に待ち針を打ちます。

　衿の中心から待ち針を打ちますが、裏衿は本衿より0.5cm幅を狭くして待ち針を打ちます。衿先から2〜3cmの間の裏衿は、自然なカーブで0.5cmとつなげます。ここまでできたら、反対側も8〜13までを同様に行いましょう。

14 しつけをかける

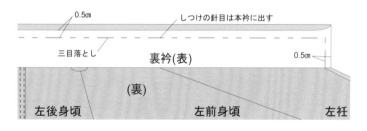

0.5㎝

しつけの針目は本衿に出す

三目落とし

裏衿(表)

0.5㎝

(裏)

左後身頃　　左前身頃　　左衽

裏衿から0.5cm内側を三目落とし（P43参照）でしつけをかけます。

15 本ぐけをする

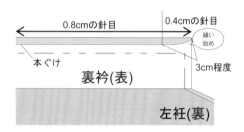

0.8cmの針目

0.4cmの針目

縫い始め

本ぐけ

3cm程度

裏衿(表)

左衽(裏)

衿先から3cm程度は0.4cmの針目、それ以外は0.8cmの針目で本ぐけ（P41参照）をします。

袖をつける

→第3章 P88〜89と同じ
ただし、縫い代のくけ方のみ、耳ぐけから折りぐけに変更（下図参照）

❀ 縫い代の始末

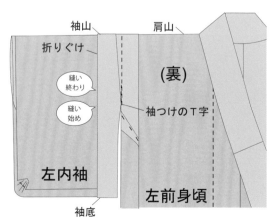

袖山　　肩山

折りぐけ

(裏)

縫い終わり

縫い始め

袖つけのT字

左内袖

左前身頃

袖底

浴衣より丁寧に仕上げるためひと折りしてくける折りぐけにするよ

袖を裏返し、袖の縫い代を1cmに折って、身頃と縫い代に待ち針を打ち、折りぐけ（P111参照）をします。反対側も同様につけましょう。

共衿をつける

1 共衿をしるし通りに折る　→第3章 P90 と同じ

2 共衿を本衿に待ち針でとめ、しつけをかける

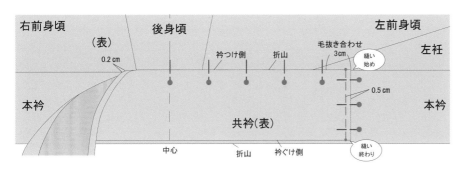

待ち針は共衿を本衿より0.2cm外側に出し、打ちます。共衿先より内側3cmの間は、共衿と本衿を毛抜き合わせにします。共衿先にも待ち針を打ちます。

共衿先から0.5cmの位置にしつけをかけます。裏衿はすくいません（第3章 P90 の 2、3 参照）。

3 共衿を裏返す

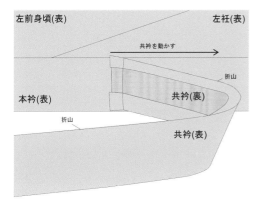

しつけをかけたら、共衿先から衿肩まわりまで待ち針を外し、共衿を矢印の方向に動かし、裏側を出します。

4 共衿先の始末をする

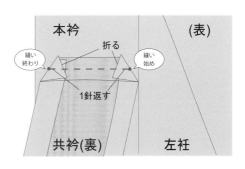

共衿の縫い代の両端を三角に折り、待ち針でとめます。三角部分で1針返し、並縫いをします。

5 共衿先どめをする　→第3章 P91 の 6 と同じ

6 共衿と本衿をくける

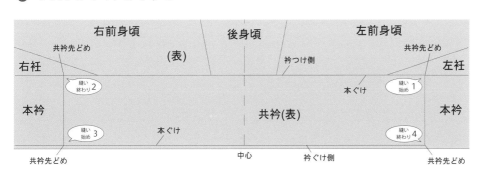

共衿先どめの糸で、続けて本衿と共衿を本ぐけします。衿つけ側、衿ぐけ側の順に本ぐけをします（第3章P91の7参照）。

衿糸をつける

衿糸
えりいと

1 待ち針を打つ

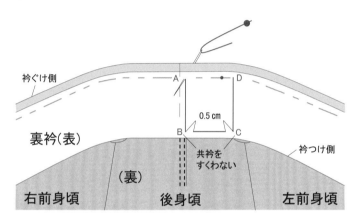

中央

0.5 cm

衿ぐけ側

0.5 cm　A　D　0.5 cm

〃

裏衿（表）

B　C　0.5 cm

〃

0.5 cm　0.5 cm

衿肩あき

衿つけ側

（裏）

右前身頃　後身頃　左前身頃

衿の中央と衿肩あきに待ち針を打ちます。その位置から図のように0.5cmの場所をAからDとし、針を入れる位置とします。

2 衿糸をつける

衿ぐけ側

A　D

0.5 cm

裏衿（表）

B　C

共衿をすくわない

衿つけ側

（裏）

右前身頃　後身頃　左前身頃

次の順序で衿糸をつけます。衿糸は太口を使います。
① 玉結びを大きめにつくり、Aの共衿の表側から針を入れます。
② Bに針を入れ、共衿をすくわないように0.5cm外側に針を出します。
③ Cより0.5cm内側に針を入れ、Cに針を出します。このときも共衿はすくいません。BCの間の寸法をはかり、反対側でAからその寸法をはかりDとします。
④ Cで出た針をDまで糸を渡し、Dより衿の中心に向かって0.5cm共衿の表側まですくい、裏衿（表）に針を出し、玉どめをします。反対側も同様に衿糸をつけます。

STEP7　仕上げ　→第3章 P92と同じ

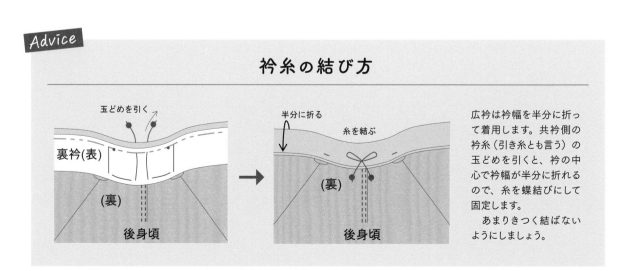

広衿は半分に折って着るので内側に折りやすいように衿糸をつけるよ

Advice

衿糸の結び方

玉どめを引く

裏衿（表）

（裏）

後身頃

→

半分に折る

糸を結ぶ

（裏）

後身頃

広衿は衿幅を半分に折って着用します。共衿側の衿糸（引き糸とも言う）の玉どめを引くと、衿の中心で衿幅が半分に折れるので、糸を蝶結びにして固定します。
　あまりきつく結ばないようにしましょう。

出来上がり写真

P9に
着用写真があるよ

前

後ろ

衿糸の代わりに
スナップボタンでもOK

凸

裏衿(表)

スナップボタン

凹

(裏)

後身頃

簡易な方法としてスナップボタンをつけることもできます。

　ただし、さびて衿を汚したり、ボタンの凹凸が当たって生地に跡がついたり、こすれたりすることもあるので、注意が必要です。

単衣の反物選び

近年、単衣は着用期間が長くなったので、洗濯ができる木綿着物がおすすめです。

　浴衣の模様表現は染めもの中心ですが、木綿着物は染めも織りもあり、模様の種類も豊富。たとえば三重県の伊勢木綿は優しい色から鮮やかな色まで多彩。糸を先に染めた織物でストライプやチェックなどの模様を表現します。

　大分県の久留米絣は藍と白のコントラストが特徴で、藍で染めた糸で幾何学模様から四季の植物、自然などを表現しています。

　ほかにもデニム、レース地など、浴衣以上に選択肢が多いので、好みや出かける場所で選ぶと楽しいでしょう。

117

浴衣（洋服生地）の仕立て方

洋服生地の浴衣の仕立て方は、基本的には反物と同じですが、違いは布幅によって扱いが異なることです。
シングル幅と普通幅の生地を例にとって紹介します。

浴衣（洋服生地）づくりの流れ

STEP1 採寸 →第3章 P52と同じ

STEP2 総用布量の計算（積もる）
→第3章 P55と同じ

STEP3 New 総丈をはかる
→ものさしを用いて正確な幅と
長さをはかります

STEP4 New 裁断 → P119

STEP5 Newしるしつけ → P120

STEP6 New 縫う → P121

STEP7 仕上げ →第3章 P92と同じ

※Newが第3章の反物の浴衣の工程とは違うところです。

用意する材料

洋服生地 —— 木綿（シングル幅90〜92cm
×長さ550cmまたは普通幅
110〜120cm×長さ450cm）

力布 —— 共布または新モス（5cm×5cm・2枚）

三つ衿芯 —— 共布またはさらし（幅11cm×長さ
25cm・1枚）

縫い糸 —— 木綿（洋服生地に近い色・30番・
細口）

しつけ糸 —— 木綿（白・40番）

袖の丸み型・くりこし型 —— 本書添付の型紙
（袖の丸み型は市販品あり）

仕立て方のポイント

洋服生地の仕立て方も、反物の仕立て方と基本的には同じです。

大きく異なる点は布の裁断方法により、背縫いが耳ではなく、「わ」の状態で行うことです。それにより丈夫に仕上がります。

また、反物に比べ、布の裁ち目が多くなるので、裁ち目がほつれにくい生地を選んだり、裁ち目の始末の方法を工夫したりすることで、長く着用できる浴衣に仕上がります。

浴衣（洋服生地）データ

衿 —— バチ衿
袖の形 —— たもと袖
袖の丸み —— 2cm

くりこし —— 裁ちくりこし
柄合わせ —— なし

出来上がり図

前

共衿
右袖（内袖）
左袖（内袖）
本衿
左衽
左前身頃

後ろ
左袖（外袖）
右袖（外袖）
左後身頃
右後身頃

※出来上がり図は浴衣（反物）と同じです。

裁断（柄合わせがない場合）

STEP1 の採寸、STEP 2 の総用布量の計算は第3章の浴衣と同じ工程で行います。
STEP3 の総丈をはかったら、寸法通りに裁断します。

1 裁断図に自分の寸法を記入する

【シングル幅（90cm幅）】

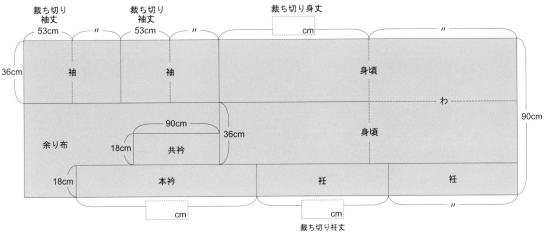

【普通幅（110cm幅）】

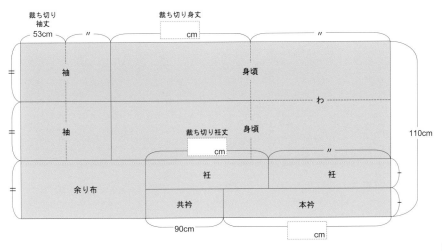

上の図は、シングル幅と普通幅の裁断図の一例です。余り布ができるだけ出ないように上手に配置しましょう。P55 で積もった裁ち切り寸法を上の空欄に記入します。本衿は仕立ての過程で寸法が決まりますが、おおよそ裁ち切り衽丈の2倍が衿（本衿・共衿）の長さになります。

洋服生地と反物との大きな違いは布幅だよ

2 寸法をはかり、裁断する

裁断図をもとにへらやチャコペンで裁ち分ける位置にしるしをつけ、裁断します。表裏がわかりにくい生地はそれぞれのパーツに糸じるしをつけておきましょう（第2章 P44 の Advice 参照）。

STEP5

しるしつけ

裁断が終わったら、しるしつけを行います。基本は第3章の浴衣と同じですが、
へらでのしるしがつきにくい場合は、チャコペンなどを用いてつけましょう。

【袖】 →第3章 P60 〜 61 と同じ

しるしつけで
浴衣と違うのは
後身頃と前身頃だよ

後身頃

1 糸じるしをつける　→第3章 P62と同じ

2 布をたたみ、へら台に固定する

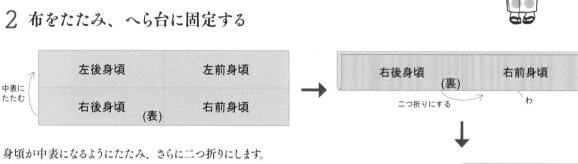

左後身頃	左前身頃
右後身頃 (表)	右前身頃

中表にたたむ

| 右後身頃 (裏) | 右前身頃 |
二つ折りにする　　　　わ

| 左後身頃(裏) |
わ　　　　わ

身頃が中表になるようにたたみ、さらに二つ折りにします。
第3章 P62と同じようにへら台の上に置き、待ち針で固定します。

3 しるしをつける　→第3章 P62と同じ

前身頃

1 布を広げる
2 しるしをつける
→第3章 P63と同じ

3 前中心に切り込みを入れる

右後身頃

右前身頃
(裏)

わ　　衿肩あき　　前中心　　　前身頃のみ衿肩あきまで切り込みを入れる

しるしつけが終わったら、前中心を衿肩あきまで切り込みを入れますが、後身頃は切らずに「わ」のままにしておきます。

【衽】【衿】（本衿・共衿）→第3章 P64 〜 66 と同じ

STEP6

縫う

洋服生地の縫い方はしるしつけ同様、第3章の浴衣とほぼ同じですが、
背の縫い方と縫い代の始末の仕方が変わります。

袖を縫う　→第3章 P68〜70と同じ

背を縫う

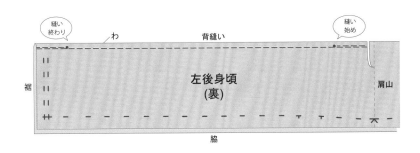

縫い終わり　わ　背縫い　縫い始め
裾　左後身頃（裏）　肩山
脇

第3章 P71と同じように左右の身頃を中表に合わせて、待ち針を打ちます。
　背縫い側の縫い代が「わ」の場合は、そのまま裾の布端まで並縫いをします。
　縫い始めと縫い終わりは2〜3cmの返し縫いをし、最後は縫い目の0.2cm内側にきせをかけます。

脇を縫う	脇縫い代の始末※	衽をつける※	裾の始末
本衿をつける	袖をつける※	共衿をつける	

→第3章 P72〜91と同じ

ただし※の縫い代が裁ち目の場合、始末の仕方は本章の単衣（反物）と同じ「折りぐけ」（P111参照）にします。

STEP7

仕上げ

→第3章 P92と同じ

出来上がり写真

推し活にぴったりの
かわいい浴衣は
P6〜7に
着用写真があるよ

写真は応用例です。柄の違う木綿生地をパーツごとに変えて仕立てたもので、こんなふうに楽しめるのも洋服生地ならではのことです。

単衣（洋服生地）の仕立て方

洋服生地を使用した単衣の仕立て方は、第3章の浴衣（反物）と、
本章の単衣（反物）と浴衣（洋服生地）のいずれかの工程と同じものです。

単衣（洋服生地）づくりの流れ

STEP1 採寸
→第3章 P52と同じ

STEP2 総用布量の計算（積もる）→第3章 P55と同じ

STEP3 総丈をはかる
→ものさしを用いて正確な
幅と長さをはかります

STEP4 裁断
→本章 P119と同じ

STEP5 しるしつけ → P123

STEP6 縫う → P123

STEP7 仕上げ
→第3章 P92と同じ

仕立て方のポイント

反物とほぼ同じ流れですが、反物より裁ち目が多くなるので、
ほつれにくい生地を選び、縫い代の始末を工夫します。
　洋服生地は種類が豊富なので、柄や素材しだいで個性的
な1枚をつくることができます。ここではP8に掲載している洋
服生地にレース生地を重ねてつくるポイントも紹介しています。

用意する材料

洋服生地	木綿（シングル幅90〜92cm×長さ550cm または普通幅110〜120cm×長さ450cm）
レース地	木綿レース（幅92cm×長さ550cm）※お好みで用意
裏衿	新モス（幅15cm×長さ約200cm・1枚）
力布	共布または新モス（5cm×5cm・2枚）
三つ衿芯	共布またはさらし（幅15cm×長さ25cm・1枚）
縫い糸	木綿（洋服生地に近い色・30番・細口）
しつけ糸	木綿（白・40番）
衿糸	絹穴糸（白・16号・太口）
袖の丸み型	本書添付の型紙または市販品
厚紙	10cm×40cm

単衣（洋服生地）のデータ

衿 —— 広衿（ひろえり）
袖の形 —— たもと袖
袖の丸み —— 2cm
くりこし —— 縫いくりこし
柄合わせ —— なし

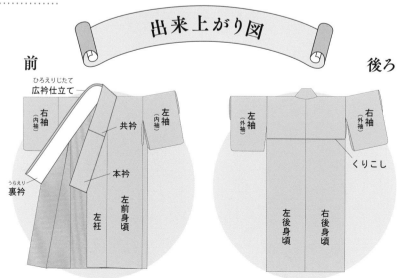

出来上がり図

前

広衿仕立て（ひろえりじたて）
右袖（内袖）
左袖（内袖）
共衿
本衿
裏衿（うらえり）
左衽
左前身頃

後ろ

左袖（外袖）
右袖（外袖）
くりこし
左後身頃
右後身頃

※出来上がり図は単衣（反物）と同じです。

122

しるしつけ〜縫う

単衣（洋服生地）では、これまで紹介したやり方でつくることができますが、
STEP 5のしるしつけと STEP6 の縫う工程が少し複雑です。下記にまとめたので、参考にしてください。

❀ しるしつけ

袖 →第3章の浴衣の仕立て方
P60 〜 61 と同じ

後身頃 →本章の単衣（反物）の仕立て方
P105 〜 106 と同じ
ただし、布のたたみ方は P120 参照

前身頃 →本章の浴衣（洋服生地）の仕立て方
P120 と同じ

衽 →第3章の浴衣の仕立て方
P64 と同じ

衿（本衿・共衿） →本章の単衣（反物）の仕立て方
P107 と同じ

❀ 縫う

袖を縫う →第3章の浴衣の仕立て方
P68 〜 70 と同じ

背を縫う →本章の浴衣（洋服生地）の
仕立て方 P121 と同じ

くりこしを縫う →本章の単衣（反物）の
仕立て方 P109 と同じ

脇を縫う →第3章の浴衣の仕立て方
P72 〜 73 と同じ

脇縫いの始末 〜 **衿糸をつける** →本章の単衣（反物）の仕立て方
P110 〜 116 と同じ

STEP7 仕上げ →第3章 P92 と同じ

出来上がり写真

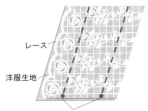

レースの重ね方のポイント

レース
洋服生地
しつけでとめる

洋服生地にレースをつける場合は、2つの
生地を重ねた状態で、しつけで押さえて動
かないようにし、1枚の布として扱います。
　厚手の生地は重く、縫いにくいので、
生地を重ねる場合は薄手がおすすめです。
しつけは最後に取りましょう。

P8に着用
写真があるよ

肌襦袢の仕立て方

肌襦袢は着物を着用する際に身につける下着のことです。
基本的には浴衣と同じ縫い方で仕上げることができます。本書ではさらしを用いて仕立てます。

肌襦袢づくりの流れ

STEP1 総用布量の計算・裁断
→ P125

STEP2 しるしつけ → P126

STEP3 縫う → P128

STEP4 仕上げ → P129

肌襦袢データ

衿 —— 棒衿
出来上がり寸法 —— 裄 62cm × 身丈 60cm

仕立て方のポイント

袖つけは短く、袖幅も狭くすることで、浴衣や着物から肌襦袢が見えないようにします。
　また、脇がつれないように袖下にあきをつくり、衿幅は狭くすることで衿元がすっきりと仕上がります。
　お好みで袖口や裾にレースを飾りつけ、見えないおしゃれを楽しんでも素敵です。

生地選びのポイント

肌に直接触れるので手触りがよく、汗を吸い取る素材、さらりと着られる通気性の高い素材がおすすめです。
　洗濯に耐えられる丈夫なさらし木綿は、肌襦袢に最も適している素材です。

用意する材料

反物 —— さらし（幅 34cm × 長さ約 400cm）
　　　　※お好みでレース生地適量
縫い糸 —— 木綿（白・30 番・細口）
くりこし型 —— 本書添付の型紙

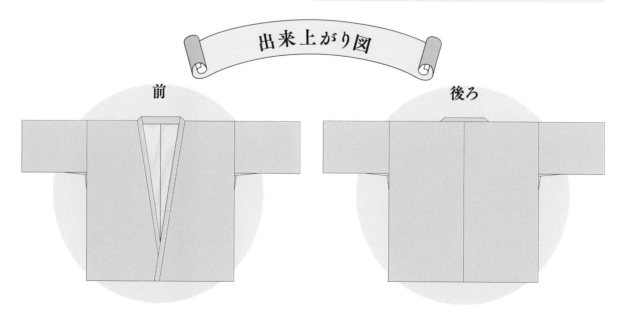

出来上がり図

前　　　　　　　　　　後ろ

総用布量の計算・裁断

採寸はせずに、下記の出来上がり寸法表から裁ち切り寸法を出します。
裁断図通りに、たたんで裁断しましょう。

1 裁ち切り寸法を確認する

出来上がり寸法表をもとに割り出した各部の裁ち切り寸法です。

裁ち切り袖丈 23cm = 袖丈 21cm + 縫い代 2cm

裁ち切り身丈 62cm = 身丈 60cm + 縫い代 2cm

裁ち切り衿丈 148cm = 身丈 60cm×2 + 14cm※×2

※衿肩あき8cm＋くりこし2cm＋衿先縫い代4cm＝14cm

総用布量 396cm =

裁ち切り身丈 62cm×4 + 裁ち切り衿丈 148cm

出来上がり寸法表 （単位：cm）

名称	寸法	名称	寸法
身丈	60	身八つ口	10
裄	62	衿肩あき	8
袖幅	いっぱい	後幅	30
肩幅	いっぱい	前幅	いっぱい
袖丈	21	衿幅	2.5
袖口	21	くりこし	2
袖つけ	21		

2 裁断図を確認する

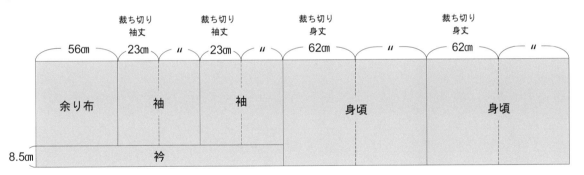

1の裁ち切り寸法を裁断図に記入したものです。
寸法を変える場合は自分で裁断図に記入しましょう。

3 たたんで裁断する

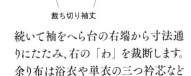

① へら台の右端にさらしを待ち針でとめ、裁ち切り身丈の寸法をはかり、寸法通りに折りたたみます（第3章P58参照）。右の「わ」を裁断します。

② 裁ち切り身丈以外の布をへら台に広げます。最初に衿を裁断します。衿は手前の耳から8.5cmで通しべらをして裁断します。

③ 続いて袖をへら台の右端から寸法通りにたたみ、右の「わ」を裁断します。余り布は浴衣や単衣の三つ衿芯などに使いましょう。

しるしつけ

肌襦袢でしるしをつけるのは、袖と身頃と衿になります。
へらでしるしをつけますが、見えづらい場合は消えるチャコペンでも代用可能です。

袖

1 糸じるしをつける
2 布をへら台に固定する →第3章 P60 参照

3 しるしをつける

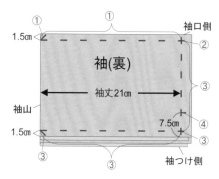

① 袖口側から縫い代1.5cmでしるしをつけ、山じるしをつけます。
② 袖山から袖丈21cmでしるしをつけ、①と交わる位置に十文字をつけます。
③ 袖つけ側から縫い代1.5cmでしるしをつけ、山じるしをつけます。②と交わる位置に十文字をつけます。②と③を縦に結びます。
④ ②に袖つけ側から7.5cmでT字をつけます。

後身頃

1 糸じるしをつける
2 布をへら台に固定する →第3章 P62 参照

3 しるしをつける

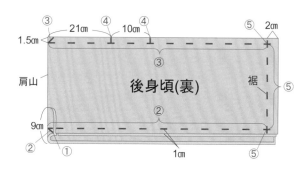

① 衿肩あきに9cmの切り込みを入れます（第3章 P62 参照、型紙は本書添付）。
② 手前の縫い代1cmでしるしをつけ、山じるしをつけます。
③ 脇の縫い代1.5cmでしるしをつけ、山じるしをつけます。
④ 袖つけ21cmにT字、身八つ口10cmにT字をつけます。
⑤ 裾の縫い代2cmでしるしをつけ、②と③が交わる位置に十文字をつけ、縦に結びます。

前身頃

脇と裾は後身頃のしるしをつけ直す

1 布を広げる →第3章 P63 参照

2 しるしをつける

① 後身頃でつけた脇線と裾線のしるしをしっかりへらでつけ直します。
② 衿つけのしるしは、衿肩あきの切り込みの端から0.4cm上と、裾線の位置で手前の布端から2cmを斜めに結びます。「糸のものさし」を使いましょう（第2章 P42 の Advice 参照）。
③ ②の寸法をはかり、「衿つけ丈」寸法をメモします。

衿

1 布をへら台に固定する

衿を長さの半分に折り、へら台に待ち針でとめます。

2 しるしをつける

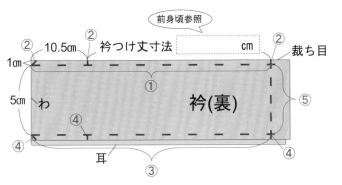

① 裁ち目から縫い代1cmでしるしをつけます。
②「わ」(衿の中心)に山じるしをつけ、そこから衿肩まわり10.5cmにT字をつけます。T字から前身頃でメモした「衿つけ丈」寸法をはかり、十文字をつけます。
③ ①のしるしから5cmの衿幅でしるしをつけます。
④ ③の線上に山じるし、衿肩まわり10.5cmでT字をつけます。T字から「衿つけ丈」寸法をはかり、十文字をつけます。
⑤ ②と④の十文字を縦に結びます。

Column

肌襦袢のたたみ方

肌襦袢のたたみ方はほかの下着類(長襦袢や半襦袢)と同じです。覚えておくとよいでしょう。

1

肌襦袢を整えて、机の上など平らな場所に置きます。

2

身頃を幅半分に折ります。

3

袖も半分に折り返します。

4

反対側の身頃も幅半分に折ります。

5

袖も同様に折り返します。

6

身丈を半分に折ります。

縫う

肌襦袢の縫い方は袖と裾の始末以外は、反物の浴衣とほぼ同じで、
手順も少なく比較的簡単です。白い生地を汚さないように注意して縫いましょう。

袖下があいている
つくりだから
動きやすいよ

袖を縫う（左袖）

1 袖底を縫う

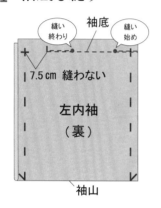

縫い終わり　袖底　縫い始め

7.5cm　縫わない

左内袖
（裏）

袖山

袖を中表にして、袖底のしるしを並縫
いします。あきの部分7.5cmは縫いま
せん。縫い始めと縫い終わりは2〜3
cmの返し縫いをします。

2 縫い代を三つ折りにする

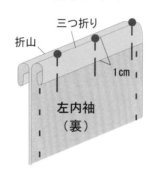

三つ折り
折山

1cm

左内袖
（裏）

袖底の縫い代を1cmの幅になるように
三つ折り（P70参照）にし、待ち針
を打ちます。

3 三つ折りぐけをする

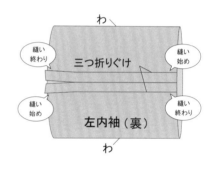

わ

縫い終わり　　三つ折りぐけ　　縫い始め

縫い始め　　縫い終わり

左内袖（裏）

わ

袖底の縫い代を三つ折りぐけ（P41
参照）をします。

4 袖口を三つ折りにする

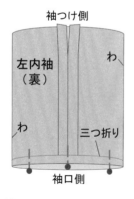

袖つけ側

左内袖
（裏）

わ

わ

三つ折り

袖口側

袖口側の1.5cmのしるしを三つ折りに
し、待ち針を打ちます。

5 三つ折りぐけをする

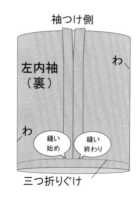

袖つけ側

左内袖
（裏）

わ

縫い始め　縫い終わり

三つ折りぐけ

三つ折りぐけをします。

6 袖つけの縫い代を折る

袖口側

左袖
（表）

きせ山　　袖つけ側

折る　　0.2cm

表に返し、袖つけ側はしるしより0.2
cm内側で縫い代を裏側に折ります。

7 右袖も同様に縫う

袖は左右対称につくので、右袖は左
袖とは逆向きになります。間違えないよ
うにしましょう。

| 背を縫う | 脇を縫う | →第3章 P71〜73 参照 |

| 脇縫い代の始末 | →第3章 P76（脇縫い代が4cm未満の場合）参照 |

裾の始末

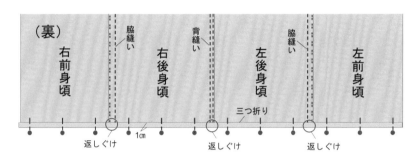

第3章 P80〜81の裾の始末とほぼ同じですが、褄先は額縁仕立てにしません。

図のように裾を1cmになるように三つ折りし、三つ折りぐけをします。

背縫いと脇縫いでは返しぐけを行います。

衿をつける

第3章 P82〜87の本衿をつけるとほぼ同じですが、力布と三つ衿芯はつけません。

上の図のように衿と身頃をへら台に置き、待ち針でとめて、縫い合わせます。反対側も同様に縫い合わせます。きせをかけ、衿をしるし通りに折ったあと、さらに出来上がり幅に折り、衿先とめを行います。衿先の縫い代の始末をしたら、衿と身頃を本ぐけします。

袖をつける

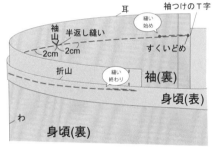

第3章 P88〜89の袖をつけると同じ要領で、袖をつけ、縫い代の始末を行います。反対の袖も同様につけます。お好みで袖口にレースなどを飾ってもよいでしょう。

STEP4

仕上げ

P19（左上）に着用写真があるよ

第3章 P92の仕上げと同じく、当て布をしてアイロンをかけ、きれいにたたみます（たたみ方はP127参照）。

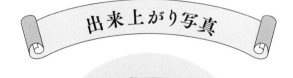
出来上がり写真

写真は袖口にスカラップレースをつけたものです。

ペチコートの仕立て方

歩きやすさや汗が浴衣につくのを防ぐために身につけるのが、着物用のステテコやペチコートです。
ペチコートは直線縫いだけなので、和裁初心者にもトライしやすいアイテムです。

ペチコートづくりの流れ

STEP1 裁断・しるしつけ → P131

STEP2 縫う → P131

STEP3 仕上げ → P131

ペチコートデータ

出来上がり寸法 ── ウエスト65〜70cm×丈64cm

仕立て方のポイント

足さばきがよいように両側にスリットを入れて仕立てます。
　ウエストは自分の寸法に合わせて、ゴムで調整できるようにします。丈はひざが隠れる程度がよいでしょう。

生地選びのポイント

生地はすべりのよいレーヨンやキュプラも適していますが、本書では浴衣の着用に合わせて、肌触りがよく、吸水性と通気性のある綿100％を用いました。
　透け防止の意味もあるので、あまり薄い生地は選ばないほうがよいでしょう。

用意する材料

生地 ── 綿ローン（幅70cm×長さ70cm・2枚）
　　　　※本書では裾の始末の必要のないスカ
　　　　ラップの生地を使用
ゴム ── 平ゴム（幅2.5cm×長さ61〜66cm）
縫い糸 ── 木綿（白・30番・細口）

出来上がり図

出来上がり写真

P19（左上）に着用写真があるよ

裁断〜仕上げ

本書では裾の始末の必要のないスカラップ（縁取りした半円が連続するデザイン）の生地を使用。
裾が裁ち目の場合は縫い代を2cmプラスしてつくりましょう。

1 裁断・しるしつけ

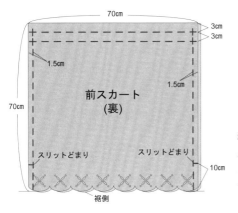

裾の始末が
必要な場合は
第3章 P80〜81の
三つ折りぐけを見てね

綿ローン2枚を中表に合わせます。図のようにしるしをつけます。チャコペンなどでつけましょう。

2 縫う

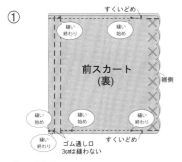

脇を縫う

裁ち目から1.5cmの位置をスリットどまりまで、並縫いをします。縫い始めと縫い終わりは2〜3cmの返し縫い、スリットどまりではすくいどめ（P38 参照）をします。

　片側の脇縫いでは、図のようにゴム通し口を3cm縫い残しておきます。

脇縫いの始末

脇縫い代にこてを当て、裁ち目を内側に折り、それぞれ折りぐけをします（P111 の 7 参照）。

ウエスト縫い代の始末

ウエストの縫い代を三つ折りにし、折山から0.2cmの位置で並縫いをします。

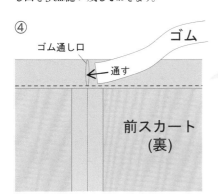

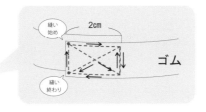

ゴムを通す

脇縫いで縫い残したゴム通し口から通します（左図）。ゴムの端は2cm重ねて縫います（上図）。

3 仕上げ

ペチコートに当て布をし、中温・ドライでアイロンをかけて仕上げます。

半幅帯（洋服生地・リバーシブル）の仕立て方

浴衣や普段着の着物に合わせて結ぶ半幅帯。本書では華やかな結び方にも対応できるように、
少し長めのリーバシブルの帯を洋服生地でつくります。

半幅帯づくりの流れ

STEP1 裁断・しるしつけ → P133

STEP2 縫う → P134

STEP3 帯芯をとじる → P135

STEP4 仕上げ → P136

仕立て方のポイント

半幅帯の幅と丈は好みと体格で決めるとよいでしょう。

本書で紹介するのは、変わり結びにも対応できる長めの寸法で、帯幅は 15 〜 16cm、帯丈は 380 〜 400cm としています。

仕立て方のポイントとなるのが、帯芯と帯のつり合いです。帯は引っ張って締めるので、どうしても表地が伸びやすくなります。帯芯にゆるみを入れて、表地とつり合いよく仕上げましょう。

半幅帯データ

出来上がり寸法 ── 帯幅 16cm × 帯丈 380cm

用意する材料

生地 ── 2色の洋服生地（幅21cm × 長さ385cm・2枚）※本書ではリネンを使用

帯芯 ── 三河芯（幅34cm × 長さ384cm）※洋裁用の接着芯でもOK

縫い糸 ── ポリエステル糸（生地に近い色・40番）

厚紙 ── 10cm × 40cm

出来上がり写真

P16 に着用写真があるよ

出来上がり図

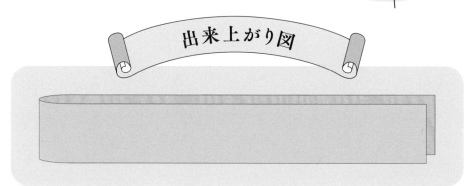

STEP1

裁断・しるしつけ

へらでしるしがつきにくい場合は、
チャコペンなどを使ってつけましょう。

> 厚手の生地はしるしが
> つきにくいから
> 下の生地にしるしが
> ついたか確認してね

1 布を裁断する

出来上がり寸法に縫い代分を足して、布を裁断します。
縫い代5cm分を足した寸法は次のようになります。

帯幅21cm（縫い代5cmを含む）	×	帯丈385cm（縫い代5cmを含む）

この寸法の布を2枚用意します。

2 しるしをつける

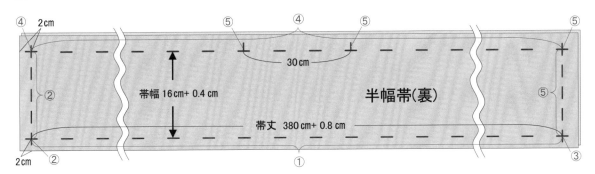

次の順序でしるしをつけていきます。
① 手前の布端から縫い代2cmでしるしをつけます。
② 左の布端から2cmでしるしをつけ、①と交わる位置で
十文字をつけます。
③ ②の十文字から「帯丈380cm＋0.8cm＝380.8cm」
を①の線上に取り、十文字をつけます。
④ ②の十文字から「帯幅16cm＋0.4cm＝16.4cm」を

取り、十文字をつけ、③の十文字から「帯幅16cm＋0.4
cm＝16.4cm」を取り、しるしをつけて、横にまっすぐ結び
ます。
⑤ ④の十文字から「帯丈380cm＋0.8cm＝380.8cm」
をはかり、十文字をつけ、③と⑤の十文字を縦にまっすぐ
に結びます。帯の中央で30cmの返し口を取り、④と交わ
る位置でT字をつけます。

Advice

材料選びのポイント

生地について

半幅帯には着物地のほか、洋服生
地であれば木綿のオックスやカツラ
ギ、ツイル、キャンバスや薄手のデ
ニム、リネン、薄手のウールなどが
おすすめです。
　張りがあり、厚すぎず、目が詰まっ
ていて、ほつれにくいものを選ぶと
よいでしょう。

帯芯について

帯芯は生地に厚みと張り、硬さをも
たせるために入れます。生地に合わ
せて帯芯の厚みを決めましょう。
　本書で使用したリネンは張りや厚
みがある生地なので、帯芯は厚み
のないタイプを使用しました。
　厚手のデニムなど、生地によって
は帯芯が必要ない場合もあります。

接着芯について

帯芯の代用として、洋裁用の接着
芯があります。
　織物、不織布、編物タイプがあ
りますが、初心者には織物タイプが
使いやすいでしょう。
　簡単につけられる半面、はがれ
やすいという短所もあるので理解し
ておきましょう（P135参照）。

縫う

帯の生地は長いので、かけ針とくけ台を使うと便利です。
四つ角は表に返しやすいように少し外側に縫うのがポイントです。

1 待ち針を打つ

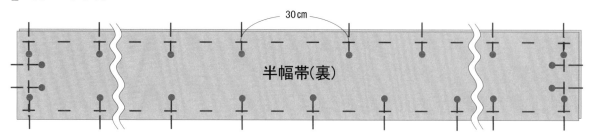

30cm

半幅帯(裏)

2枚の布を中表にして、図のように待ち針を打ちます。

2 返し口を残して縫う

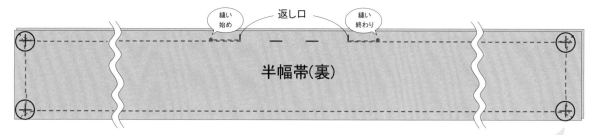

縫い始め　　　返し口　　　縫い終わり

半幅帯(裏)

返し口の始まりと終わりは2〜3cmの返し縫いをして、図のように並縫いをします。角は表に返したときにきれいに整うように、角の3cm手前から角に向かって0.3cm外側になるように縫います（右拡大図参照）。

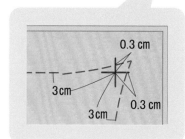

0.3cm

3cm

3cm

0.3cm

3 きせをかける

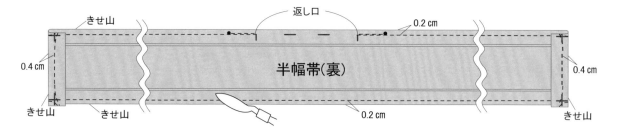

きせ山

返し口

0.2cm

0.4cm

半幅帯(裏)

0.4cm

きせ山

きせ山

きせ山

0.2cm

最初に帯幅で0.2cm、次に帯丈で0.4cmのきせをかけます。

帯芯をとじる

帯が縫い終わったら、中に帯芯を入れてとじつけます。
帯芯は着物専用の三河芯（みかわしん）を使用します。

1 帯芯を裁断する

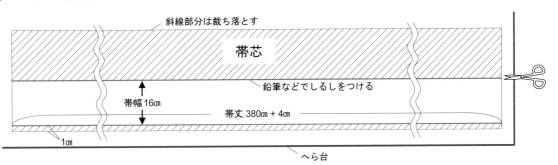

斜線部分は裁ち落とす

帯芯

鉛筆などでしるしをつける

帯幅16㎝

帯丈 380㎝ + 4㎝

1㎝

へら台

帯芯の耳 1cmの位置から帯幅 16cmをはかり、鉛筆などで
しるしをつけます。帯芯の長さは出来上がりサイズよりも4
cm程度長く裁断します。

2 帯に帯芯を入れ、待ち針を打つ

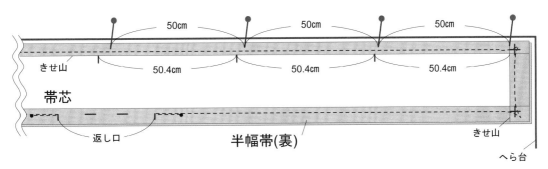

50cm　50cm　50cm

きせ山

50.4cm　50.4cm　50.4cm

帯芯

返し口

半幅帯(裏)

きせ山

へら台

帯を返し口を手前にして置きます。きせをかけた縫い代を
開き、きせ山に帯芯の端をしっかりと合わせて、右端から
入れます。

帯の上端に50cmごとに待ち針を打ち、帯芯はゆるみを
入れて50.4cmごとに鉛筆やチャコペンなどでしるしをつけま
す。

Advice

市販の接着芯の貼り方のコツ

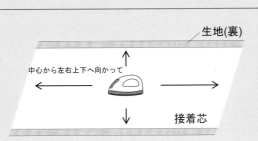

生地(裏)

中心から左右上下へ向かって

接着芯

帯芯を入れる手間を省きたいという人は、市販の洋裁用の
接着芯を用いることもできます。

接着芯は帯の出来上がりサイズに裁断します。縫い代分
は入れません。帯の上に接着芯を重ねます。アイロンを中温・
ドライにしたら、接着芯は端に向かってアイロンを押しつける
ようにします。すべらせるのは NG です。

なお、接着芯は接着面（キラキラ、ザラザラ）を確認して
から布を合わせましょう。

3 帯に帯芯をとじつける（上端）

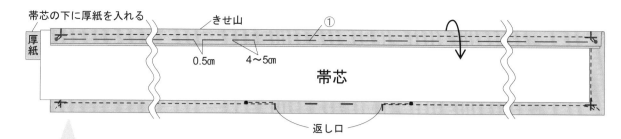

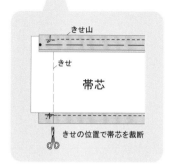

縫い代をきせの位置で折り、50cmごとに打った帯の待ち針と、50.4cmの帯芯のしるしを合わせます。返し口側の縫い代は開いておきます。

まずは帯の上端をとじつけます（図の①）。帯幅の縫い代をきせで折り、図のように表地の縫い代と、帯芯を縫い糸で4〜5cmと0.5cmの針目でとじます。

縫い代のみをとじるので、厚紙を帯芯の下に入れて作業するとよいでしょう。

上端の最後までとじたら、きせの位置で帯芯を裁断します（左図参照）。

4 残りをとじつける

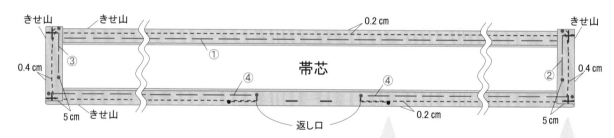

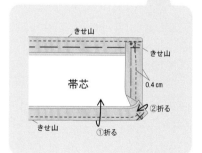

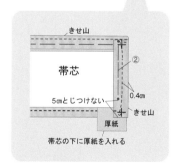

次に左右の帯丈の縫い代を①と同様、表地の縫い代と帯芯を縫い糸でとじつけます（図の②と③）。返し口側5cmはとじつけません（右奥の図参照）。

最後に返し口側を、返し口をのぞいて①と同様にとじつけます（図の④）。このとき、両角の縫い代は、左右の帯丈の縫い代が上にくるように重ねてから、とじつけます（右図参照）。

5 帯を表に返し、返し口をくける

返し口から手を入れて、帯を表に返します。表に返したら全体を整え、返し口を出来上がり幅に折り、折山から0.2cm内側を0.4cmの針目で本ぐけ（P41参照）をします。

STEP4

仕上げ

当て布をしてアイロンをかけ、帯の上に本などの重石を置いてしばらく落ち着かせましょう。半幅帯のたたみ方はP95にあります。

半幅帯（1枚布）の仕立て方

基本はリバーシブルの半幅帯のつくり方と同じですが、
帯丈の片側が「わ」になるので、帯芯の入れ方が変わります。

1 布を裁断する

出来上がり寸法に縫い代分を足して、布を裁断します。
縫い代分を足した寸法は次のようになります。

| 帯幅 37㎝（縫い代5㎝を含む） | × | 帯丈 385㎝（縫い代5㎝を含む） |

この寸法の布を用意します。

2 しるしをつける

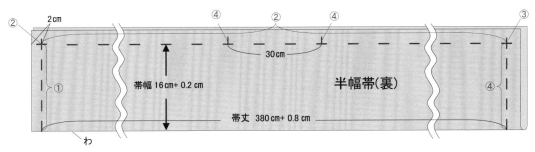

布を中表にし、「わ」を手前にして置き、へら台に待
ち針で固定します。
① 左の布端から縫い代2㎝でしるしをつけます。
② 「わ」から「帯幅16㎝ + 0.2㎝ = 16.2㎝」にし
るしをつけ、①と交わるところで十文字をつけます。

③ ②から「帯丈380㎝ +0.8㎝ ＝ 380.8㎝」にしる
しをつけ、②と交わるところに十文字をつけます。
④ ①の「わ」から帯丈380.8㎝でしるしをつけ、③
の十文字と結びます。帯の中央で30㎝の返し口にT
字をつけます。

3 帯を縫う

帯の縫い方はP134
の1〜3と同じです
が、縫い始めと縫い
終わりが図のように
なります。

4 縫い代をとじつける

図のように帯幅は手
前に0.2㎝、次に
帯丈は0.4㎝のきせ
をかけたあと、帯幅
と帯丈の縫い代だけ
をとじつけます。

5 帯芯を裁断する

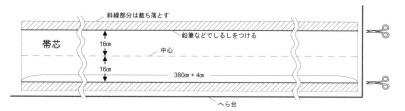

帯芯の中心を決め、その位置から上下に帯幅を取ります。図のように斜線部分は裁ち落とします。

6 帯芯にしつけをかける

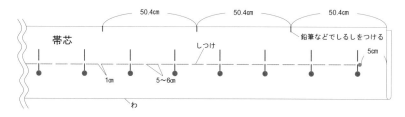

帯芯を半分に折り、図のように待ち針を打ち、しつけ糸でしつけをかけます。

帯芯の上端に **50.4cm**ごとに鉛筆などでしるしをつけます。

7 帯と帯芯に待ち針を打ち、ゆるみを入れる

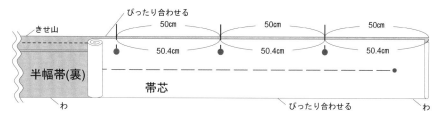

帯の上に右端から帯芯を重ねます。帯芯の上下の端は、帯のきせ山と「わ」にぴたりと合わせ、図のように待ち針を打ちます。

その際、帯芯は帯より**0.4cm**のゆるみを入れて待ち針を打ちましょう。左端まできたら、きせの位置で帯芯を裁断します。

8 帯に帯芯をとじつける

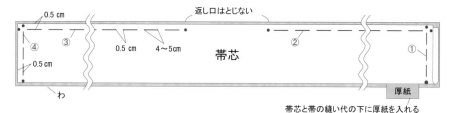

返し口を残して帯の縫い代と帯芯を①〜④の順にとじつけます。表側に縫い目が出ないように、厚紙を帯芯と帯の縫い代の下にいれておくと作業がしやすいでしょう。

9 返し口をくける

帯を表に返し、リーバシブルの半幅帯と同様にくけます。

10 仕上げ

リーバシブルと同様にアイロンをかけて完成です。

もっと
和裁を
楽しむために

着物や和裁の奥深い
魅力や役立つ知識
楽しいアイデアなどを
紹介するよ

もっと知りたい
着物のこと、和裁のこと

着物は日本特有の文化です。和裁を通して着物に興味をもったら、
もっと知りたくなりませんか？　着物や和裁の魅力をわかりやすく解説します。

「着物」は日本の伝統衣装

今でこそ、洋服が主流の世の中ですが、およそ80年前までは和服が当たり前でした。日本人の衣服の歴史は着物とともにあったと言っても過言ではありません。着物には日本人の知恵と工夫が詰まっています。その歴史の一端を知ることで、着物や和裁がより身近に感じられることでしょう。

　「着物」の原型は平安時代頃に誕生したと言われています。一般庶民の小袖風の衣服と、上流階級が下着としていた袖口が狭く詰まった仕立ての小袖がそれです。室町時代以降、表着として着用されるようになりました。

　その語源は「着る物」が転訛して「きもの」になったと考えられています。明治以降は洋服と区別するために「和服」と呼ばれるようになりました。

　第二次世界大戦後以降、日常着としてほぼ着られることはなくなりましたが、近年、通過儀礼の際だけでなく、かわいくおしゃれに楽しむファッションとして見直され、注目されています。

「着物」と「洋服」との違い

洋服は流行があり、そのスタイルは時代とともに変化しますが、着物の形状はほぼ一定です。また、洋服の仕立てでは布の裁断や縫製は曲線や直線で構成され、縫い代は必要最低限を残し、裁ち切ります。

　それに対して着物はほぼ直線で仕立てられ、縫い代は裁ち切ることなく残します。縫い代が残っているので、寸法が合わない着物を譲られた場合にも、寸法直しを

して着ることができます。親子三代、長きにわたって着物が受け継がれる理由のひとつには、流行に影響されず、仕立て直しができるということにもあるのです。

「着物」の種類

ところで着物にはどんな種類があるのかご存じですか？和服の形状は大きく分類すると、くるぶしあたりまである「長着」、長着の上に着る防寒着の「羽織」、長着に結ぶ「帯」、長着の下に着用する下着の「長襦袢」などがあります。長着はいわゆる浴衣や単衣、袷のことです。

　さらに季節によって着物の仕立ては異なり、裏地をつけずに仕立てる「単衣」、裏地をつけて仕立てる「袷」、表地と裏地の間に綿を入れた「綿入れ」があります。

　また、洋服と同じように着物にもTPOにふさわしい装いというものがあります。素材や柄によって「格」というものが決まり、それによって着用するシーンも決まります（P48 参照）。

洋服の裁断図例

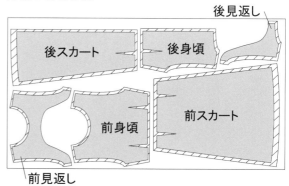

着物の裁断図例

後身頃	前身頃	前身頃	後身頃	袖	袖	衽		衽
							本衿	共衿

「着物」はサステナブル

着物が日常着であった頃の日本人の生活の知恵をお伝えします。

まず着物を仕立てるときは、長方形の反物を身頃や袖、衽、衿として、長方形のパーツに裁断します。捨てる布は出ません。そしてこの長方形の布をすべて縫い込んで仕立てます。そのため、縫い目をほどくとまたもとの長方形に戻ります。

たとえば着古した大人ものの浴衣の縫い目をほどくと、8枚の長方形が現れます。小さい布（袖）でも1mあり、長い布（身頃）だと3m前後あるので、汚れやキズがない部分だけ用いて、子どもものの浴衣をつくることができます。

さらに子どもが成長すると、また縫い目をほどき、布団カバーや赤ちゃんのおむつなど、長方形を生かした生活用品にリメイクします。

最後は雑巾になって、燃やします。残った灰は肥料や洗剤などに用います。灰をまいた畑で育った木綿から綿をつむぎ、糸にし、機織りにかけて、再び着物のための反物を織ります。

このように着物はサステナブルで、現代の私たちにとってエコな生活のお手本になります。

「和裁」は世界に誇る日本の伝統技術

和裁は、基本的な縫製技術とコツ、知識などが必要ですが、一枚の浴衣を仕立てると、他の着物やコート類なども、それを応用して仕立てることができます。

基本はいつも同じで、布を直線に裁断し、ほぼ直線でしるしつけをして、布と布をほぼ直線につり合いよく縫い合わせると着物が出来上がります。

はじめて縫う人でも縫い目が整わなくても、和裁の「きせ」がすべてをまっすぐに整えて縫い目を隠してくれます。「きせ」は縫い代を片側に倒し、縫い目が見えないようにし、糸を守ります。着物の直線の美しさを引き立ててくれる技術です。

縫い代の始末は「裁ち目」と「耳（織耳）」では異なる技術を使い分けます。「裁ち目」は洗濯したときに糸がほつれてこないように、布をひと折りしてから縫います。「耳」は手間をかけずにそのまま縫います。適材適所で縫い方を使い分け、的確な方法で縫い代を始末して、着物を丈夫に長く着用できるように仕立てます。

和裁や着物の長い歴史と伝統から、日本人の理に適った知恵の奥深さに気がつくことができます。ぜひ、和裁で自分の浴衣をつくり、それを着てみませんか。

Advice

もっと和裁を学びたい人に

本書で和裁に興味をもち、さらに深く知りたいと思ったら、専門に学べる場所があります。

中高生であれば、服飾系や家政系の大学や短大、そのほかにも専門学校や和裁士が主催する工房などで知識と技術が習得できます。

和裁を学ぶと、和服の仕立てに関連する仕事に携わることができます。和裁だけでなく、着物に関する知識や技術が幅広くあると、着物に関わる仕事の場へと広がります。

例をあげると、呉服店や呉服製造業、仕立ての工房、染織工房、着物コーディネーター、着物デザイナー、舞台衣装制作、ブライダル、染織文化財の修復（著者が教える共立女子大学は、昭和30年代より和裁の技術と大学で学ぶ幅広い被服の専門知識を生かし、博物館・美術館に所蔵される染織文化財の修復に携わっている）などがあります。

和裁は着物文化を伝えるひとつの手段です。ぜひ多くの方に学んで広めていただければと思います。

着物・和裁の知恵袋

着物や和裁、着つけに関する知りたいことや困りごとを取り上げました。
役立つ情報が満載です。いざというときにこのページを開いてみてください。

和裁編

Q 反物はどこで購入する？

A 反物は呉服店やデパート、大きな手芸店、古着店、問屋、ネットなどで購入できます。

呉服店やデパートは着物のプロがいるので、反物を買うのがはじめての人にはおすすめです。お店では、反物を肩にかけ、鏡を見て似合うかを確認します。反物には勝手に触らず、お店の人にひと声かけてからにしましょう。

Q 反物をネットや古着店で購入するときの注意点は？

A 反物の幅や丈は一律ではなく、幅が狭いもの、丈が短いものがあります。自分の裄や身長を考慮して選びましょう。

昔の反物は幅が36cmの狭いものがあるので注意が必要です。裄が68cm未満の人は購入できますが、裄がそれ以上の人は避けたほうがよいでしょう。身長が高い人も反物の丈を確認してから購入しましょう。

また、汚れやキズ、反物の一部が変色、色が褪せたり（色焼け）していないかを確認します。

昔の反物を購入する場合は、反物の幅の確認を忘れないようにしましょう。

Q 浴衣の完成までの日数は？

A それぞれ進み具合が異なるので一概には言えませんが、1日3〜4時間の作業時間とすると、およそ10日〜2週間が目安となります。はじめてという人はさらに時間がかかると考えましょう。

浴衣を着る時期から逆算すると、5月くらいから準備を始めるとよいでしょう。

Q 途中で作業を中断するときは？

A 縫い始めたものの、しばらく縫わない期間があると、反物に刺した待ち針がさびてしまい、汚す可能性があります。長期間作業をしない場合は、待ち針を外しておきましょう。

その際、糸じるしやチャコペンでしるしをなぞっておくと、再開するときに作業がしやすいでしょう。

Q 作業中の注意点は？

A 指に針を刺して反物に血痕がついてしまうことがあります。

その場合は、反物の下にタオルを敷き、水で濡らしたもう1枚のタオルで汚れた箇所を優しくトントンとたたき、汚れを下のタオルへ移動させます（タオルがない場合はティッシュペーパーでも可能です）。

ガンバロー！

着つけお直し編

② 衿元が緩んだときは？

Ⓐ 身八つ口から手を入れて、上前と下前の衿を真横に引きます。身頃にもたつきが生じた場合は、帯と浴衣の間に入れ込みます。

② 衣紋が詰まったときは？

Ⓐ 胸元を押さえ、衿を後ろになで上げ、後身頃のおはしょりの外側の布を下に引っ張ります。

② 帯が緩んだときは？

Ⓐ ハンカチやハンドタオルをたたんで厚みをもたせ、結び目の下や帯の間に入れ込みます。

② おはしょりがもたついたときは？

Ⓐ 左手をおはしょりと帯の間に入れて、少し隙間をつくります。右手をおはしょりと帯の間に入れて、左から右へしごくように動かしましょう。おはしょりの下線が斜めになっているときは、帯の下線と平行になるように帯の内側に入れ込みます。

② 裾の後ろが下がるときは？

Ⓐ 後ろの裾が下がってきた場合は、背中に手をまわし、腰ひもの上の体側のおはしょりを引き上げます。

② 褄先が下がるときは？

Ⓐ 上前の褄先が落ちてきたり、裾が長くなったりした場合は、まずは腰ひもをきつく結び直します。

次におはしょりを持ち上げ、腰ひもより上の体側の布を少しずつ引き上げ、裾が整えられたら、おはしょりを下ろします。

お手入れ編

❀ 着用後にすること

まず帰宅したら汚れを確認し、着物ハンガーなどにかけて風を通して、浴衣についた湿気を取りましょう。その後たたんでしまいます。毎回する必要はありませんが、汚れたり汗をかいたりしたら洗濯をしましょう。

❀ 洗濯の方法

浴衣は洗濯機または手で押し洗いすることができます。

洗濯機を使う場合は、たたんで洗濯ネットに入れます。このとき、洗濯ネットの大きさに合わせてたたむと、ネットの中で浴衣が泳がず、しわがつきにくくなります。

洗濯機は手洗いモードにし、中性洗剤（おしゃれ着用洗剤）で洗います。

手で押し洗いの場合、洗面台や大きな洗面器、バスタブなどに水を張り、中性洗剤を入れ、軽く押し洗いをしたら、よく水洗いをします。

脱水は洗濯機を使ったほうがしわになりません。

脱水後、全体のしわを手で軽くたたいて取り、縫い目をきちんと伸ばし、着物ハンガーや洋服ハンガー、物干しざおなどにかけ、日陰干しをします。

絹の着物は専門の業者さんにお願いしましょう。

かならず
日陰に干してね
直射日光は
NGだよ

❀ しまい方

洗濯後しわが気になるようでしたらアイロンをかけましょう。本だたみ（P94参照）をして、着物専用の「たとう紙」に包んでから収納しましょう。

「たとう紙」は紙なので通気性がよく、湿気を吸収してくれるため、着物の保管に用いられます。呉服店や紙専門店、ネットで購入することができます。

入手が難しい場合は、風呂敷や大きめの布に包みましょう。

❀ 保管場所

お手入れが終わった浴衣は桐のタンス、桐の箱など、調湿効果や防虫効果がある場所で保管しましょう。洋服ダンスやプラスチックの衣装ケースでも構いません。

着物にとって湿気は生地を傷め、カビや虫食いの原因になりますので、できるだけ湿気のない、しわにならない状態で保管しましょう。

❀ シミや汚れの対処法

飲み物や食べこぼし、泥はねなどで汚れた場合、応急処置として広がらないようにティッシュで軽く押さえる、またはつまみ取るなどしましょう。原因不明の場合は手を加えないほうがいいでしょう。

慌ててこすったり、たたいたりすると生地を傷め、表面がけば立ち、場合によっては余計に汚れを繊維の奥に押し込めることになります。

できるだけ早く染み抜き専門店、悉皆専門店、呉服店、クリーニング店などに相談しましょう。

❀ 防虫剤と虫干しについて

防虫剤は虫よけに有効ですが、着物に直接触れないように置きましょう。数種類の防虫剤を一度に使用すると化学変化を起こす場合があります。防虫剤は1種類にするか、防虫香の利用でもよいでしょう。

1年に一度、気候がいい時期に虫干しすることが理想ですが、難しい場合はタンスの引き出しを開けて空気の入れ替えをするとよいでしょう。

おしゃれなアレンジ方法

人から譲り受けたり、柄がかわいくて手に入れた古い着物。でもサイズが合わなくて
眠ったままになっていませんか？　簡単にサイズ調整できる方法を紹介します。

Ⓠ 丈が足りないときは？

Ⓐ 洋服や小物を使って洋風にアレンジする
のがおすすめ。下にスカートをはいて裾
から見せたり、サンダルやブーツをはいたりする
と丈の短さをカバーできます。

スカートをプラス

プリーツやふんわり素
材のスカートは着物と
の相性もよく、自分好
みの丈にできて便利
です。

靴にチェンジ

足元をサンダルやブー
ツに変えると丈の短さ
も気になりません。
　靴下をはくときは、
透け素材で軽く見せ
ましょう。

Ⓠ 裄が短いときは？

Ⓐ 昔に比べると手足が長い人が多いので、
古着を着ると袖が短いことがよくあります。
首まわりと袖口にひと工夫すれば、あっという
間におしゃれ着物に変身します。

インナーを着用

柔らかい素材のスタ
ンドカラーのインナー
を着て、衿合わせを
緩やかにすると、袖
が長く見えます。
　さらにインナーの
袖を見せるレイヤース
タイルでおしゃれ度も
ぐんとアップ。

つけ袖をプラス

かわいいスタイリング
が好きな人におすす
めなのは、つけ袖の
着用。
　冬ならロングタイプ
の手袋も素敵。おしゃ
れのアクセントにもな
ります。

和裁ミニ知識

はぎれを大切に使う習慣

布が貴重で自ら着物を仕立てていた時代
は、人々にとってはぎれを大切に保管するの
が習慣であり、「一寸（約3cm）四方の小さ
なはぎれも粗末にしてはいけない」という教
えが、母から子へ、そして孫へと伝承され
ていました。　はぎれの用途は実用的なもの
から生活を彩るもの、人々の精神的な信仰
や祈りを形にするものなどさまざまでした。
　現代の使い捨て文化が浸透するまで連綿
と人々の生活に継承されていた、日本人の
ものを大切にする心の表れでもあります。こ
の精神は受け継いでいきたいですね。

肩当て・居敷当てのつけ方
（かたあ）（いしきあ）

肩当て・居敷当てをつけるのは、初心者には難易度が高いので第3章では省略しましたが、本来、浴衣には両者ともつけるのが従来からの方法です。ここではそのつけ方を紹介します。

用意する材料

肩当て —— 共布またはさらし（幅38cm×長さ25cm）
居敷当て —— 共布またはさらし（幅38cm×長さ45cm）
　　　　　　※共布が薄い色の場合、模様が表に透けるのでさらしを使用
縫い糸 —— 木綿（反物に近い色・30番・細口）
しつけ糸 —— 木綿（白・40番）
くりこし型 —— 本書添付の型紙

肩当て・居敷当ては脇を縫う前につけるよ

1 肩当てをつくる

① 布を外表にして置きます。

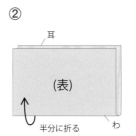

② 耳と耳を合わせて半分に折ります。

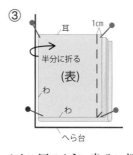

③ さらに図のように半分に折り、待ち針を四つ角に打ちます。裁ち目から1cm内側にへらでしるしをつけます。

④ 衿肩あきに切り込みを入れます。手前の「わ」から8.3cmの位置に待ち針を打ち、そこにくりこし型を合わせて通しべらでしるしをつけます。上の1枚に切り込みを入れます。

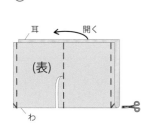

⑤ 上の1枚を開き、手前右側の「わ」を衿肩あきまで切り込みを入れます。

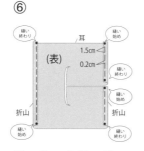

⑥ 縫い代は表側に倒し、伏せ縫い（P42参照）をします。布の向きに注意しましょう。

Advice

布の向きに注意

肩当ても居敷当ても反物の余り布を使用するときは、布の表裏や模様の向きに注意が必要です。図を参考にしてください。

2 居敷当てをつくる

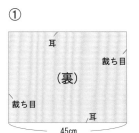

① 布を外表にします。

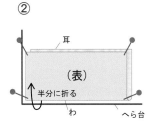

② 耳と耳を合わせて半分に折り、四つ角を待ち針でとめます。

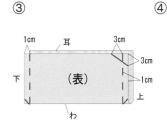

③ 上下の縫い代1cmでしるしをつけ、「わ」の側には山じるしをつけます。上部の角は三角に折るので、3cmと「3cm＋1cm」を線で結び、しるしをつけます。

④ 布を広げ、下部の縫い代を表側に折り、伏せ縫いをします。上部の縫い代は三角を先に折り、次に縫い代1cmを折ります。

3 肩当て・居敷当てに折目をつける

【肩当て】

【居敷当て】

居敷当ては身長によってつける位置が異なるよ

肩当て・居敷当ては幅を半分に折り、中心に折目をつけます。

4 身頃に重ねて待ち針を打つ

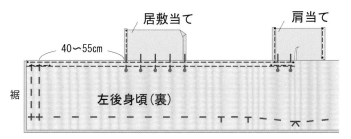

身頃の下に肩当て・居敷当てを裏側が重なるように置きます。

肩当ての中心と身頃のきせ山を合わせると同時に、衿肩あきの切り込みも合わせ、待ち針を打ちます。

居敷当ても中心と身頃のきせ山を合わせますが、そのとき下部の位置を、下の早見表を参考に決めましょう。

5 身頃にとじつける

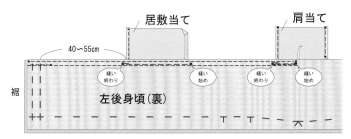

背縫いの縫い目のすぐ上を1.5cmの針目でとじます。
肩当て・居敷当ての下部では1針返し縫いをします。

居敷当ての身頃つけ位置早見表

（単位：cm）

身長	つける位置
145 以上	40
150 以上	40
160 以上	40
165 以上	45
170 以上	50
175 以上	55

6 肩当てにしつけをかける

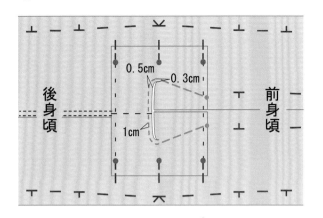

後身頃の背縫いを中心に左右に開き、身頃の衿肩あきと肩当ての切り込みを合わせ、つり合いよく平らに待ち針を打ちます。

衿肩まわりにしつけをかけます。縫い始めの位置は下記を参照にしてください。

縫い始めの待ち針と衿肩あきから0.3cm外側を結び、その線上をしつけで押さえます。斜め部分は2cm前後の針目、衿肩まわりの直線は裁ち目から0.5cmの位置を1cmの針目で少し細かくしつけをかけます。

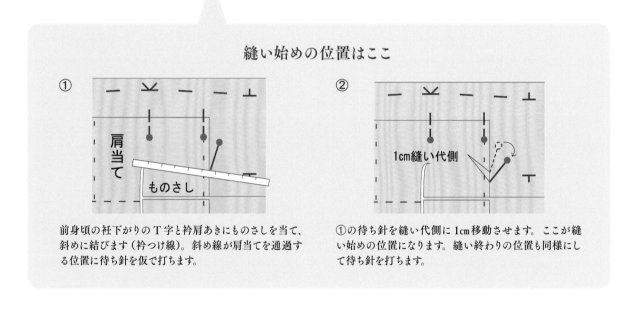

縫い始めの位置はここ

① 前身頃の衽下がりのT字と衿肩あきにものさしを当て、斜めに結びます（衿つけ線）。斜め線が肩当てを通過する位置に待ち針を仮で打ちます。

② ①の待ち針を縫い代側に1cm移動させます。ここが縫い始めの位置になります。縫い終わりの位置も同様にして待ち針を打ちます。

7 肩当て・居敷当てを身頃にくけつける

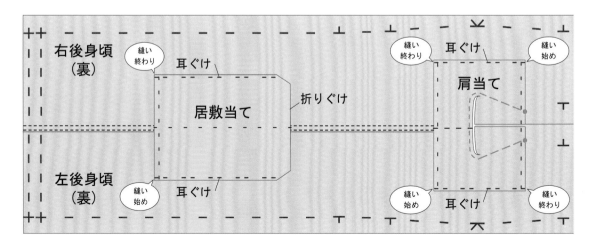

図のように肩当ては耳ぐけ（P41参照）で、居敷当ては耳ぐけと折りぐけ（P111参照）で身頃にくけつけます。

子どもの浴衣の肩揚げ・腰揚げの方法

子どもの浴衣や着物は大きめに仕立て、長い寸法分をつまんで「肩揚げ」「腰揚げ」をつくるのが一般的です。
「揚げ」の長さを伸ばすだけで、1枚の着物を長く着ることができます。その方法をご紹介します。

※揚げがされていない子どもの着物に揚げをする場合も同じ要領で行います。

肩揚げ

1 採寸し、肩揚げ寸法を出す

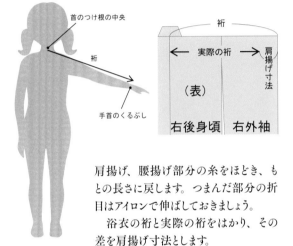

肩揚げ、腰揚げ部分の糸をほどき、もとの長さに戻します。つまんだ部分の折目はアイロンで伸ばしておきましょう。

浴衣の裄と実際の裄をはかり、その差を肩揚げ寸法とします。

$$肩揚げ寸法\ \boxed{\quad cm}$$
$$=\boxed{浴衣の裄\quad cm}-\boxed{実際の裄\quad cm}$$

2 「揚げ山」の位置を決める

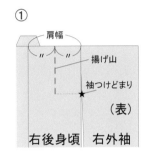

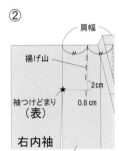

後身頃の背中心から袖つけまでの長さ2分の1のところを「揚げ山」とします。へらでしるしをつけます。袖つけどまりまでまっすぐにしるしをつけます。

前身頃は袖つけどまりの2cm上から袖つけ側へ0.8cm寄せたところに斜めにしるしをつけます。

3 肩揚げをつまむ

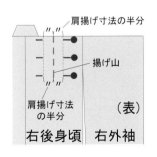

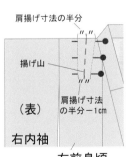

「揚げ山」を中心に1ではかった肩揚げ寸法を半分につまみ、待ち針を打ちます。このとき、前身頃は下側で1cm少なくします。

4 肩揚げを縫う

「揚げ山」を袖側に倒し、2cm程度の二目落とし（P43参照）で縫い、肩山では三目落とし（P43参照）で縫います。

縫い糸は2本取りです。反対側も同様に縫いましょう。

腰揚げ

1 採寸し、腰揚げ寸法を出す

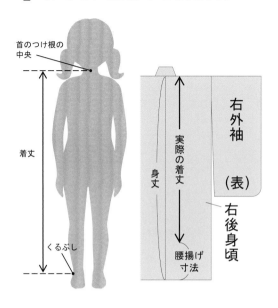

浴衣の身丈と実際の着丈をはかり、その差を腰揚げ
寸法とします。

腰揚げ寸法	cm

$$= 腰揚げ寸法 \ \text{cm} = \boxed{浴衣の身丈 \ \text{cm}} - \boxed{実際の着丈 \ \text{cm}}$$

2 「揚げ山」の位置を決める

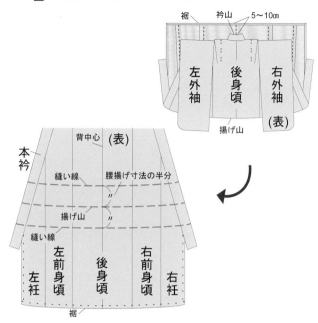

浴衣を裾から5～10cmの位置に衿山がくるように折ります。
折った位置を「揚げ山」とし、しっかりと折目をつけます（上図）。
　浴衣の表が見えるように置き、腰揚げ寸法の半分の寸法を
「揚げ山」から上下に取り、へらでしるしをつけます。ここを縫
い線とします（下図）。

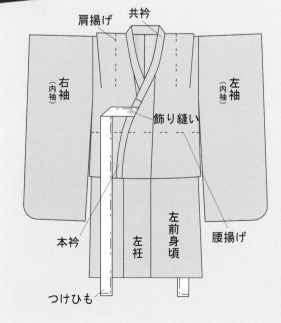

肩揚げ・腰揚げの調整について

子どもは成長が早く、体格の変化が著しいので、浴衣や着物
は大きめに仕立て、着るときの子どもの身長や裄に合わせて
「揚げ」をします。
　丈と裄を調整するだけで、着物を仕立て直しすることなく、
数年にわたり着ることができる工夫です。着物のサステナブル
な特徴のひとつでもあります。
　「揚げ」は男児・女児問わず、子どもらしい着姿を表現する
ものでもあるので、たとえ1cmでも揚げをすることをおすすめ
します。
　調整のポイントは、子どもが動きやすいように丈も裄も多
少短めにすることです。
　「揚げ」の調整は子どもの成長をうれしく感じるひとときであ
り、また一枚の着物を長く着ることの大切さを教えてくれます。

3 腰揚げを縫う

①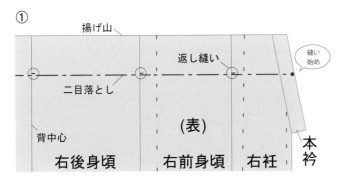

揚げ山
二目落とし
返し縫い
縫い始め
背中心
(表)
右後身頃　右前身頃　右衽
本衿

②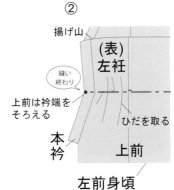

揚げ山
(表)
左衽
縫い終わり
上前は衿端をそろえる
ひだを取る
本衿
上前
左前身頃

③

二目落とし　背中心
本衿
左衽　左前身頃　揚げ山　(表)　後身頃　右前身頃　右衽
下前は衿幅くらいずれた状態

腰揚げを縫います。縫い糸は2本取りです。
① 「揚げ山」で外表に身頃を合わせて二つ折りにし、縫い線に待ち針で打ちます。2cm程度の二目落とし（P43参照）をし、縫い目では返し縫いをします。
② 上前は衿端をそろえてひだを取って縫います。
③ 腰揚げが縫い終わったとき、下前は衿幅がずれた状態になります。

Column

子どもの浴衣のたたみ方

子どもの浴衣は「揚げ」や「つけひも」があるため、大人と同じ「本だたみ」（P94）ではありません。「夜着だたみ」というたたみ方をします。大きくたたむので、しわもつきにくく、手順も簡単です。

1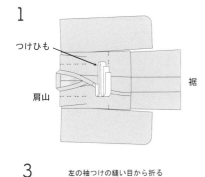

つけひも
肩山
裾

浴衣の向きは左側に肩山、右側に裾がくるように置き、つけひもを2本一緒に重ねて4分の1程度にたたんでおきます。

2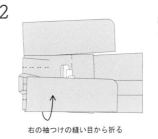

右の袖つけの縫い目から折る

右身頃の袖つけの縫い目から折ります。

3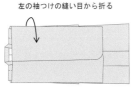

左の袖つけの縫い目から折る

左身頃も同様にして折ります。

4

身頃は裾から3分の1で折りたたみ、丈を三つ折りにします。

浴衣生地で小物づくり

反物や洋服生地からはぎれが出たら、小物などをつくってみましょう。
本書で使用した浴衣のはぎれは長方形なので、使いやすいのが特徴です。

梅の花ピンクッション

出来上がりサイズ：
直径3.5cm×高さ3cm

余り布でつくる簡単小物。金具をつけるとヘアピンや帯どめになります。

用意する材料

生地 ── 余り布（8cm×8cm・2枚）
ペットボトルのキャップ ── 1個
縫い糸 ── 木綿　※飾り用の糸はお好みで用意
ポリエステル綿 ── 適量
ビーズ ── 1個

アレンジ例

ハンドメイド用の台座つきヘアピンに取りつければ、梅の花ヘアピンにもなります。

つくり方

1

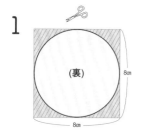

梅の花用の生地と土台用の生地をそれぞれ丸く裁断します。斜線の部分を切り落とします。

2

裁断した生地をそれぞれ図のように並縫いをします。玉結びを生地の裏側にして縫い始め、最後は玉どめをしないで糸を15cm残しておきます。

3

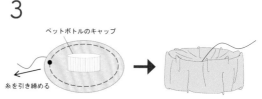

2で縫った土台用の生地の上にペットボトルのキャップを置き、2で残した糸を引き締めて生地を包みます。

4

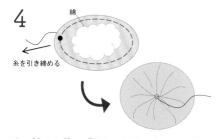

2で縫った梅の花用の生地の糸を引き締めながら、ポリエステル綿を入れて形を整えます。綿が入ったら糸を引き締め、玉どめをします。

5

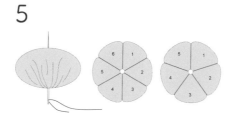

飾り用の糸を梅の裏側から中心に出し、5〜6等分して糸を渡していきます。強く引っ張りながら糸を渡すとふっくら感が出ます。糸を渡し終わったら、ビーズを中心に飾ります。

6

3でつくった土台に5でつくった梅の花を載せ、糸で縫い合わせるか接着剤で貼りつけて完成です。

ミニチュア浴衣

P6〜7の浴衣のミニチュア版です。インテリアとして
飾ったり、お人形に着せたりすることもできます。

用意する材料

生地 ── 浴衣のはぎれ（約24cm×41cm）
縫い糸 ── 適宜

出来上がりサイズ：約12cm×19cm
衿：バチ衿

つくり方

1 裁断・しるしをつける

布は図のような寸法で裁ち分けま
す。身頃1枚で左右がつながった
状態で使用します。本衿と共衿も
1枚で兼用します。

　しるしつけは図のような寸法で行
います。お好みでサイズを変えてく
ださい。

【身頃】

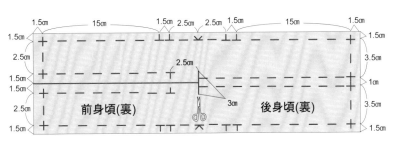

【袖】

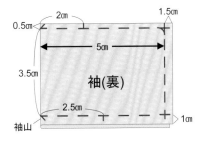

【衽】

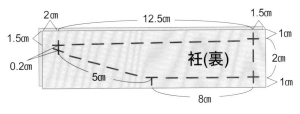

【衿（本衿・共衿）】

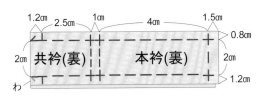

浴衣のしるしのつけ方を
簡略化しているよ

2 身頃を縫う

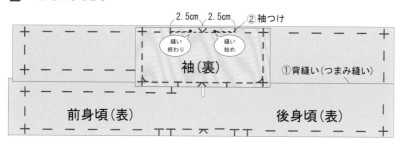

第3章の浴衣の縫い方の手順を変更し簡単にしているよ

2.5cm 2.5cm

②袖つけ

縫い終わり　縫い始め

袖（裏）

①背縫い（つまみ縫い）

前身頃（表）　後身頃（表）

① 背を縫う

後身頃を背中心で中表に半分に折り、2本のしるしに待ち針を打ち、背縫いをつまんで縫います（つまみ縫い）。第3章P71と同様にきせをかけます。

② 袖をつける

身頃と広げた袖を中表に合わせ、肩山と袖山2.5cmの袖つけのT字を合わせて縫います。袖に向かってきせをかけます。反対側も同様に行います。

3 脇を縫う

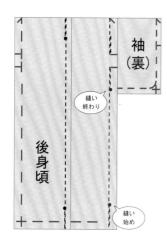

袖（裏）

縫い終わり

後身頃

縫い始め

図のように身頃を、肩山を中心に中表に合わせ、脇の裾から身八つ口まで縫います。袖を縫い込まないようによけて縫いましょう。

脇の縫い代の始末はピンキングばさみまたは折りぐけ（P111参照）にします。反対側も同様に行います。

4 袖を縫う

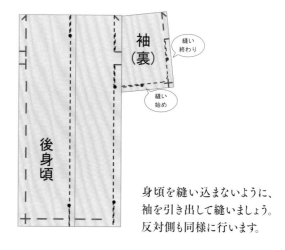

袖（裏）

縫い終わり

縫い始め

後身頃

身頃を縫い込まないように、袖を引き出して縫いましょう。反対側も同様に行います。

5 衽をつける

→第3章 P77 〜 79 を参照

6 裾の始末

→第3章 P80 〜 81 を参照

裾を端から端まで三つ折りぐけします。額縁仕立てにしなくてOK。

7 衿（本衿・共衿）をつける

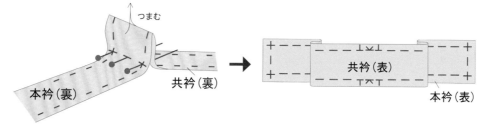

つまむ

本衿（裏）　共衿（裏）

共衿（表）

本衿（表）

衿をつける前に、本衿と共衿を1枚で兼用する準備をします。2本のしるしに待ち針を打ち、中表につまみ縫いをします。衿のつけ方は第3章を参照。

8 仕上げ

軽くアイロンを当てるか、本や雑誌を重石にしてしばらく置いておきます。

実物大型紙

袖の丸み型

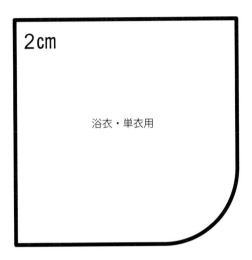

2㎝

浴衣・単衣用

くりこし型

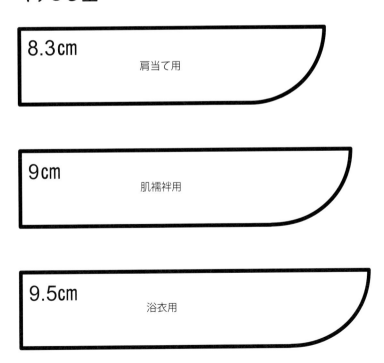

8.3㎝
肩当て用

9㎝
肌襦袢用

9.5㎝
浴衣用

※コピーして厚紙に貼りつけて使いましょう

和裁・着物用語集

合褄幅（あいづまはば）
着物の衿つけどまりの位置の衽幅（おくみはば）のこと。

袷（あわせ）
裏地を縫い合わせて仕立てた着物類のこと。
↔単衣（ひとえ）

居敷当て（いしきあて）
単衣仕立ての浴衣などのヒップ付近に、補強と透け防止のために裏側につける布のこと。（P146 参照）

糸こき（いとこき）
運針をある程度進めたら、親指と人差し指の腹で、糸と布をしごき、糸のつれやゆるみを防ぎ、糸と布のつり合いを整える作業のこと。

後幅（うしろはば）
後身頃の背縫いから脇縫いまでの寸法。

内袖（うちそで）
前身頃側につく袖のこと。↔外袖（そとそで）

上前（うわまえ）
着物を重ね合わせたときに上側（左側）になる身頃、衽、衿、共衿のこと。↔下前（したまえ）

裏衿（うらえり）
広衿の裏につける別布のこと。

運針（うんしん）
和裁の基本的な縫製技法。並縫いのこと。（P39 参照）

衣紋（えもん）
本来は着物の着つけを指す言葉だが、現在は首の後ろの衿を抜く部分をいう。「衣紋を抜く」などと用いる。

衿合わせ（えりあわせ）
着つけのとき、下前の衿と上前の衿をのどのくぼみの辺りでつりあいよく合わせること。

衿肩あき（えりかたあき）
着物類などに衿をつけるため、肩山またその前後に、肩山方向に横に切り込みを入れた部分をいう。

衿肩まわり（えりかたまわり）
身頃の背中心から衿肩あきまでの衿をつける位置のこと。

衿下（えりした）
衿先（＝衿つけどまり）から衽の褄先（つまさき）までの寸法のこと。

衽（おくみ）
着物の前身頃の打ち合わせを十分にするために、前身頃の端に縫い合わせた半幅の布のこと。

衽下がり（おくみさがり）
前身頃の肩山から衽先までの寸法のこと。

衽先（おくみさき）
衽の上部の三角の頂点の部分のこと。剣先（けんさき）ともいう。

おはしょり
女性の着物では、身丈より長い分を腰の位置で折り上げ、腰ひもで結んで着用する。その折り上げた部分のことをいう。

返しぐけ（かえしぐけ）
三つ折りぐけをするときに、縫い目を丈夫にするためや、きせを押さえてくずれないようにするため、1針返す縫い方。

返し縫い（かえしぬい）
並縫いをするとき、縫い始めや縫い終わりを2〜3㎝重ねて縫うこと。これによりほつれなどを防ぎ、縫い目を丈夫にすることができる。

肩当て（かたあて）
単衣仕立ての着物の肩の部分に補強のためにつける布のこと。（P146 参照）

肩山（かたやま）
女性の着物では、前身頃と後身頃の中心の折山からくりこし分だけを移動させた位置。男性と子どもの着物では、前身頃と後身頃の中心の折山の位置のこと。

柄合わせ（がらあわせ）
浴衣や着物を着たときに、着姿を引き立てるように反物の柄を配置すること。（P96参照）

着尺（きじゃく）
大人の着物1枚を縫うための並幅約38㎝、長さ約12ｍの布地のこと。

きせ
縫い目の糸が表から見えないようにするために、縫い目よりも縫い代を深く折ること。これにより出来上がり線が美しく整う。きせをかけるという。（P45参照）

着丈（きたけ）
首のつけ根からくるぶしまでの長さ。着物を着たときにおはしょりを含まない長さ。身長－27㎝。

くける
和裁技法の縫い代の始末のひとつ。縫い代を裏に折り、その折目の中に糸を通し、縫い進める方法。表に針目が出る場合と出ない場合がある。本ぐけ、三つ折りぐけ、耳ぐけなどがある。（P41参照）

ぐし縫い（ぐしぬい）
並縫いで細かく縫うこと。袖の丸みを縫うときに用いる。

くりこし
女性の着物では衿を後ろにずらして（＝衣紋を抜く）着るので、その分の衿肩あきを後身頃側へずらすこと。またずらした部分のことをいう。

毛抜き合わせ（けぬきあわせ）
縫い合わせた布のきせ山（折山）を表裏で高さをそろえること。（P45参照）

下前（したまえ）
着物を重ね合わせたときに下側（右側）になる身頃、衽、衿、共衿のこと。↔上前

しつけ
きせや折目、布の重なりがずれないように、落ち着かせたり仮押さえしたりすること。しつけ糸で粗く縫う。仕立て上がりを示す役割もある。

背中心（せちゅうしん）
着物の左右後身頃の縫い合わせた中心部分のこと。

背縫い（せぬい）
着物の左右後身頃を縫い合わせること。その縫い目線のこと。

袖山（そでやま）
内袖と外袖の中心の折山部分のこと。

外袖（そとそで）
後身頃側につく袖のこと。↔内袖

裁ち切り寸法（たちきりすんぽう）
出来上がり寸法に縫い代を加えた寸法。

力布（ちからぬの）
浴衣や着物を着たときに、力が加わるところに補強やほつれ防止のために縫いつける小布のこと。肩当てや居敷当ても同じ役割である。

褄先（つまさき）
衽の裾の角の部分。

つまみ縫い（つまみぬい）
1枚の布を、2枚を縫い合わせたかのように縫い代をつまみ、縫うこと。四つ身の衽や広幅ものの背縫い、長襦袢の裾などに用いられる。

積もる（つもる）
和裁用語で、反物の裁ち方をあらかじめ計算して計画すること。（P55参照）

「て」と「たれ」
着つけ用語。「て」は帯を半幅に折り、「たれ」でつくった帯の形を支える部分のこと。「たれ」は「て」と反対側の帯の形をつくる部分のこと。または一重太鼓や二重太鼓の太鼓の下に出る帯の端のこと。

通しべら（とおしべら）
へらでしるしをつけるとき、間隔をあけずに線を引くように
しるしをつけること。

共衿（ともえり）
本衿の上に掛ける衿のことで、掛衿（かけえり）ともいう。

長着（ながぎ）
足首あたりまである丈の長い着物で、袖、身頃、衽、本衿、
共衿から構成されている。一般でいう着物のこと。

並幅（なみはば）
反物の一般的な幅。約38cmの幅。普通幅ともいう。

バチ衿（ばちえり）
女性の着物の衿の形で、衿幅が衿肩まわりまで狭く、そ
の位置から衿先が広く仕立てられたもの。その形が三味
線のバチに似ているところからこの名がある。↔広衿（ひ
ろえり）

半幅帯（はんはばおび）
女性の帯で、幅が15cm前後に仕立てられ、浴衣や普段
着の着物に用いる。

単衣（ひとえ）
裏地をつけないで仕立てたもの。長着のほか、羽織、襦
袢がある。↔袷

屏風だたみ（びょうぶだたみ）
屏風をたたむように左右に折り返してたたむ方法。

広衿（ひろえり）
女性の着物の衿の形で、裏衿を縫い合わせて普通の衿
幅の2倍の幅で仕立てられたもの。着装の際、体形に
合わせて衿幅を調節でき、着崩れを防ぐことができる。一
般的に広衿は上等な着物に用いられる。↔バチ衿

振り（ふり）
着物の袖の、袖つけから袖下までのあいている部分。

本ぐけ（ほんぐけ）
2枚の縫い代の折山から0.1cm内側を、手前と向こう側
を同じ間隔で縫い合わせ、表に針目は出ないくけ方のこ
と。

身丈（みたけ）
着物の出来上がり寸法のこと。身長と同寸。

三つ衿芯（みつえりしん）
着物の衿つけのときに、衿肩あきの後ろ衿の縫い代がな
い部分に厚みを補うために入れる芯布。

身八つ口（みやつくち）
女性や子どもの着物の身頃の袖つけの下の縫われていな
い部分のこと。

裄丈（ゆきたけ）
背縫いから袖口までの長さ。肩幅＋袖幅の寸法。

四つ身（よつみ）
4～12歳ぐらいの子ども用の着物の総称。身丈の4倍
の長さで身頃と衽（つまみ衽）を裁つことからこの名があ
る。

終わりに

「木綿の赤い糸」「しつけのかかった浴衣」は私が祖母を想う言葉です。子どもの頃、木綿の赤い糸で何度も運針を習いました。数年前、しつけのかかった大人ものの浴衣がタンスから出てきました。すぐに祖母が成人する私を想い、縫ってくれた浴衣であることに気がつき、優しさに包まれました。

尊敬する祖母と同じ学び舎に進み、和裁を通じて生涯の師である河村まち子先生（1940〜2019年）に出会いました。先生から10年前に「和裁の教科書を一緒につくりましょう」と声をかけいただきましたが、かないませんでした。

しかし今回、多くの方々がいつも寄り添い、ご協力くださり本書を世に送り出すことができました。心から感謝申し上げます。

和裁や着物は人の想いを繋ぎ、紡ぐものだと日頃から思っております。本書を手に取ってくださりありがとうございました。この本をきっかけに、皆さまに和裁や着物を身近に感じていただく機会が増えますと幸いです。

Staff

デザイン	平本祐子
イラスト	遠藤まゆみ
モデル	内田茉里、小野花実、海部渚、髙橋美友、中川はるか、草山哲樹
ヘアメイク	HiROMi、KEIKO SOMEKAWA
浴衣の仕立て	大野慈枝、羽賀美空、森谷桂子
図版作成	梶原由加利、すどうまさゆき
撮影	大坪尚人（P 2〜10）、杉山和行（プロセス）（以上、講談社写真映像部）
動画撮影	杉山和行（講談社写真映像部）
動画編集	植田甲人（講談社写真映像部）
編集協力	茶木真理子
制作協力	伊東奈々、髙橋由子

Special Thanks

株式会社竺仙
有限会社村田商店
村井希帆

[著者略歴]

田中 淑江（たなか よしえ）

共立女子大学 家政学部 被服学科教授　博士（学術）
奈良県生まれ。1993年、共立女子大学大学院被服
学専攻修了、同大学被服研究室助手、ボストン美術
館でのインターンシップ、日本女子大学大学院博士
後期課程（2010年修了）などを経て現在に至る。東
京国立博物館客員研究員。各地の美術館などに保存
されている染織文化財の修復士としても活躍してい
る。共著に、『広辞苑第7版』「和裁関係担当」（岩
波書店）、『衣服の百科事典』（丸善出版）他多数。

はじめての和裁の教科書
動画と図解でよくわかる！　浴衣の仕立て方

2024年6月27日　第1刷発行

著　者	田中淑江	
発行者	清田則子	
発行所	株式会社 講談社	

〒112-8001　東京都文京区音羽2-12-21
（販売）03-5395-3606
（業務）03-5395-3615

編　集　株式会社 講談社エディトリアル
代　表　堺 公江
〒112-0013 東京都文京区音羽1-17-18
護国寺SIAビル6F
（編集部）03-5319-2171

印刷所　大日本印刷株式会社
製本所　加藤製本株式会社

N.D.C.593.1　159p　26cm　©Yoshie Tanaka, 2024, Printed in Japan
ISBN978-4-06-534761-4